三位一体の FX トレード理論
さんみいったい

手法（発見）
過去にこうなったときに、こうしたら、こうなった
条件　　　　　　　トレード　　結果（プラスor...）

検証
により証明できたため、今日こうなったときに、
条件

著　坂井秀人
HIDETO SAKAI

Pan Rolling

まえがき

　早速だが、あなたはなぜFX本を買うのか？

　現状うまくいっていない参加者は決まって「トレードのやり方を教えてくれ」と言う。
　FXが国内で爆発的に普及してから10年以上経っており、その間、多くの"役者"がその要求に応えるために、実にさまざまな「トレード手法」を紹介してきたであろう。
　そう、参加者たちは「トレード手法」こそが大事だと信じて疑わない。

　トレード手法は確かに大切である。
　だが、多くの参加者には「トレード手法がなぜ大切か？」についての理解が薄いように感じる。
　「このトレードはするんじゃなかった」「利食いせず、もっと伸ばせばよかった」といった声をよく聞く。
　なぜ確立されたトレード手法があるにもかかわらず、こうした声が出るのだろうか？
　結局、そのトレードのプラス・マイナスの結果にしか興味を持たないが故に、そのときどきでルールを変え、思いつきでトレードしてしまっているのだ。

　このようなエントリーと決済にまつわる、皆がトレードだと勘違いしているであろう行動を本書では**「稼働」**と言い換えている。
　また、トレード手法のことを**「発見」**と言い換えている。

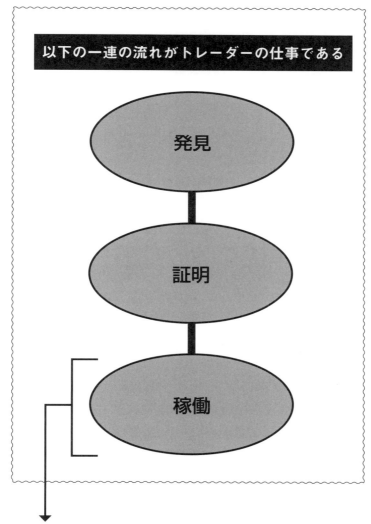

本書では、私が「発見」したトレード手法とその根拠について書いた。
　本書に記した内容のほとんどは「それ」なのだが、著者が本書を通じて読者に伝えたい本当のメッセージは「それ」ではない。
　もうひとつ、本書で出てくる単語に**「証明」**がある。この「証明」とは検証のことを指す。実は、この証明をおろそかにしている人が多い。「発見」した手法が正しく機能するかどうかを「証明」しなくては、本来、「稼働」させることなどできないにもかかわらず、だ。
　トレード手法を「発見」し、それが正しいものなのかを「証明」し、正しいものと証明された後で、それを明日も、明後日も、１年後も、「稼動」させていく。**この一連の流れがトレード**なのである。「正しい」と証明された手法をひたすら繰り返していくのである。"そのこと"を伝えたくて筆を執った。

　「発見」「証明」「稼動」。どれかひとつが欠けていてもトレードとして成立しない。この一連の作業が必ず求められる。
　トレードにはさまざまな方法があるが、唯一の共通点と正解を書くならばこのこと（「発見」「証明」「稼動」という一連の作業が求められること）だろう。そして、著者が読者に対して一番伝えたいことは、まさに"ここ"なのである。つまり、この考え方が基礎となる。

　実際の参加者の多くは、「発見」をしようとするものの、「発見」したものの「証明」はしようとしない。
　発見した手法のルールをコロコロ変えながら、結局、思いつきの「稼動」のみに集中することとなり、最後には何が正しいのかわからないまま、マーケットからの撤退を余儀なくされる。

　「発見」と「証明」と「稼動」。本書をただ単純な手法の紹介本として読むのでなく、「なぜ私が手法の中でその条件を組み合わせるに至っ

たか？」、そして「証明をするときに何に注意すべきか？」「それを実際に稼動させることは可能か？」などを考えるために読んでもらえたならば、幸いである。

　大事なことなので、もう一度、繰り返す。
　本書のほとんどは、私が実際に使っているトレード手法の紹介である。しかし、本書で実際に伝えたいメッセージはトレード手法のことではない。このことを大前提に読んでいただきたい。

坂井秀人

本書に出てくる「発見」「証明」「稼働」について

　本書には、「発見」「証明」「稼働」が随所に出てきます。本書の中でも解説していますが、本書独特の意図で使っている言葉でもありますので、簡単に説明しておきます。

◎発見について
　本書でいう発見とは、いわゆる手法（ブレイクアウトやゴールデンクロス・デッドクロスなど）に加え、手法を使うときの条件（時間軸の変更、インジケーターのパラメータの変更、利益確定＆ロスカット設定、取引時間、取引通貨、マルチタイムフレーム、チャートパターンの考慮など）も含めています。
　条件を加えるところは、見方によっては、パフォーマンスを上げるための検証アイデアとも言えますが、本書では、それも含めて「発見」としています。
　なお、本書では、<u>一方向に動くときを狙っているため、取引時間限</u>

定＆取引通貨限定のラインブレイクを紹介しています。

◎証明について

　使う手法が見つかったら、その手法を動かすことで、本当に利益が残るのかを確かめます。

　検証というと、何か難しいことをやるイメージがありますが、本書では単純に「検証ソフトを使ってどういう結果になるのか（プラスになるのか、マイナスになるのか）を調べること」を意味します。たしかめ算的な扱いです。

　ここで、プラスの結果になる手法であれば採用、そうでないのならば、条件を変えて再確認するか、見つけた手法自体を破棄することになります。

◎稼働

　発見と証明が済んだ手法で実際に取引することを意味します。発見と証明が済んでいる＝期待値が高いということですから、ルール通りに取引するだけになります。

　発見・証明・稼働のうち、初心者や決まったルールがない人、もしくは検証をしたことのない人からすると重要なのは「発見」「証明」になりますが、実際に行動するうえで最も複雑なのは「発見」の部分ですので、本書では、発見の部分に多くのページを割いて解説しています。

◆複雑度

発見（70%）	証明（20%）	稼働（10%）

パンローリング編集部

まえがき ——————————————————————— 2

第1章 あなたは「あなたの発見したトレードが正しいと証明してから稼働しているか？」

第1節　FXの現実を知る（再確認する）——————————— 12
　　　1）我々は勘違いをしてはいけない
　　　2）なぜ参加者は勘違いするのか？
　　　3）マーケット外の狩人
　　　4）「欲しい」と「稼げる」は違う

第2節　「過去にこうなったときに、こうしたら、こうなった」が大事 —— 17

第3節　我々の仕事は何か？ ———————————————— 19

第4節　チャートは常に正しい —————————————— 22

第5節　発見 ———————————————————————— 24
　　　1）「発見」するための作業とは
　　　2）予想ではなく、事実でトレード

第6節　証明 ———————————————————————— 29
　　　1）「証明」の大切さを知る
　　　2）「証明」とは何か

第7節　稼働 ———————————————————————— 32

第8節　稼働に移ったときの注意点 ～トレーダーが陥りやすい罠～ —— 34
　　　1）なぜルール以外のトレードをしてしまうのか？
　　　2）マーケットの中の天使と悪魔
　　　3）FX 5カ年計画書　～1日5pipsの威力を知れ～

第9節　テクニカル分析とファンダメンタルズ分析 ————————— 49

第10節　動く原因を知る必要はあるのか？ ————————————— 51

第2章 私が「発見」した、「証明」済みの手法からヒントを見る
～ 入口編 ～

第1節　私の手法の概要 ──────────────── 54
　　　　1）時間限定・通貨限定のラインブレイク
　　　　2）結果的にプラスに近づくことが大事

第2節　ラインを使う理由 ──────────────── 62
　　　　1）エントリーの判断材料にする
　　　　2）他人の損切りが見えやすい

第3節　時間限定について ──────────────── 70

第4節　監視する通貨ペア、トレードする通貨ペアについて ──── 74

第5節　エントリーパターンについて ──────────── 76

第6節　ラインを引くときの技術的な話 ────────── 78
　　　　1）事実を見てラインを引く
　　　　2）角度が急すぎるライン、緩やかすぎるラインについて
　　　　3）ヒゲと週明けの窓について
　　　　4）はっきりした山と山、谷と谷を結ぶ
　　　　5）どの時間軸からラインを引くのか

第7節　実際のトレードのエントリー手順 ──────── 88
　　　　ステップ1　通貨を決める
　　　　ステップ2　トレード可能な時間が来るまで待つ
　　　　ステップ3　根拠に従ってエントリーする

第3章 私が「発見」した、「証明」済みの手法からヒントを見る
～ 出口編 ～

第1節　損切りについて ──────────────── 100

第2節　利食いについて ──────────────── 103

第3節　主な利食いポイントについて ─────────── 106

　　　1）高値・安値付近
　　　2）ライン手前
　　　3）フィボナッチ・リトレースメントの38.2%・50.0%・61.8%付近
　　　4）トリプルゼロ付近

第4節　その他の利食いについて ──────────── 117

　　　1）利食いポイントがない場合
　　　2）前提が崩れたときの利食い
　　　3）仕掛けと判断して入ったが一方向に動かず大きく戻してきた場合
　　　4）強い戻しのときは戻しの過程で逃がす

第4章 実戦的な話について

第1節　どのような割合で利食いをすべきか ─────── 126

　　　1）分割決済が基本
　　　2）利食い根拠の重複
　　　3）エントリー根拠の近くに利食い根拠があるとき
　　　4）利食い時にエントリー根拠が重なるとき
　　　5）エントリー後の利食い・出口はとても難しい

第2節　中期目線のトレードについて ──────── 134

　　　1）含み益の出ているポジションは一部残す
　　　2）チャートの声を聞く　～事実でトレードする～
　　　3）短期から中期へのスライド
　　　4）逆張り的な思考はお勧めしない

第3節　ポジションの保有について ──────── 148

第4節　どこまで行くか？ ───────────── 161

　　　1）頭と尻尾はくれてやる
　　　2）中期の利食いポイント

巻末付録　証明方法（検証のやり方）について

第1節　検証の準備 ──────────── 126
第2節　当手法を検証してみる ────── 134

あとがき ─────────────────────── 185

第1章

あなたは「あなたの発見したトレードが正しいと証明してから稼働しているか?」

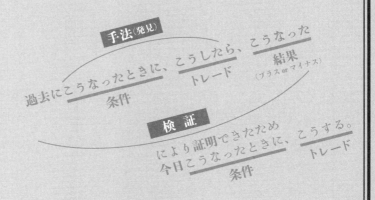

第1節
FXの現実を知る（再確認する）

1）我々は勘違いをしてはいけない

　今日、FXは多くの方が知るようになり　テレビCM、雑誌、WEB広告など、ニュースでは主婦や大学生が空いた時間にやって大儲けしたなどと報じられている。

　少額から始められることや、土日を除いてほぼ24時間取引できること（自分の空いた時間にトレードができること）などを理由に人気があるFXには、これからも多くの人たちが参加してくることだろう。

　FXに参加しようと考える人たちには、上記の理由をもとに、「簡単に儲けてやろう」という気持ちが少なからずあるはずだ。

　しかし、我々は勘違いをしてはいけない。FXは簡単ではない。しっかりと準備しなければ、瞬く間に退場させられてしまう弱肉強食の世界だ。そのことを、まずは肝に銘じてほしい。FX経験の長い人は、もう一度、確認してほしい。

　我々は逆に、甘い考えで入ってくる人を狙うハンターとなるべきである。"お花畑"の考えで参加する人たちがお金を捨てていってくれるのだから、我々はそれを拾いにいけばいいだけなのだ。

2）なぜ参加者は勘違いするのか？

　せっかくなので負けてくれる人たちの思考回路をもう少し考察してみよう。

　彼らは、「少額から始められる」という事実に加えて、「短期間で大きく儲かる」と本気で思って市場に参加する。なぜ、そんな勘違いから入るのか？　彼らの情報には、実際に成功した（短期間で大きく儲かった）という成功モデルが先に入っていて、メディアや雑誌でも「簡単に儲かる」という話を繰り返し取り上げるため、「自分にもできるのではないか」と錯覚してしまうのだ。

　参加者が多ければ多いほど儲かるFX業者は、とにかく自社の顧客を増やしたいと考えている。彼らにとっては、勘違いでもよいから参加者が増えてくれるほうが助かるのだ。

　参加者を増やす方法としては、やはり先にも書いたようなアプローチが有効なのである。例えば、FXやビジネス情報誌などのタイトルで過激なことをうたう。書籍も同様である。

　もちろん、本当の良本は、ある一定層の支持を得ている。ただ、それでもやはり書店の投資カテゴリーで見ると、目が腐りそうな本の割合のほうが圧倒的に多い。今日に至るまで、何年間も、この構図は変わっていない。

　つまり、参加者の多くはその程度のレベルなのである。そして、わざわざこの人たちが好きでお金を落としにきてくれるのだから、我々はそれを歓迎したらよいだけだ。

　勘違いを繰り返し、そこから抜けられない人も多い。たまに「努力していれば」とか、「生き残っていればいつか」などと無責任な言葉を吐く人がいるが、それはまったくの嘘である。勝てない人はいつまでも勝てない。

　間違った情報に固執する人は、10年経っても、その間違った認識

を捨てない。これまで信じてやってきた自分を否定する勇気がない。

　トレード歴が長ければよいわけではない。逆に、誤解をしながら長年マーケットに居座った人間ほどタチが悪い。修正が困難だからだ。

　本書を通じて本質を見抜けるならば明日からやるべきことができるようになる。私は、約束する。

3）マーケット外の狩人

　先に書いたほかに、狩りを行う者がいる。FX市場は絶好の狩場だ。欲をエサに参加者にはさまざまな罠が仕掛けられる。

　マーケットの外からの仕掛けとは情報商材や「私に投資してくれれば、あなたの資金を増やします」というアレだ。毎年ニュースなどで、この手の詐欺の被害が出ている。

　もちろん、中には有益な情報などもある。だが、残念ながら偽者が多いことは言うまでもない。我々には、さまざまな情報が乱発されるこの業界で正しいものを見る目が求められている。

　当然のことだが、各々のビジネスモデルの中で、それぞれが利益を求めている。建前上、利益相互関係にあるというFX業者（ここは複雑な構図であり、また普通にトレードをする限りはそれほど問題ないので本書では触れない）、トレードをする人たちに対して情報を提供して利益を上げようとする者、トレードを他人に任せ利益を上げようとする者、実にさまざまだ。

　繰り返すが、我々は、自分自身でトレードをする道を選んだのだ。それぞれをうまく利用して立ち回ればよいのである。必要なコストならかければよい。本書を読み切った後には、こういうことがわかるようになっているだろうと、私は信じている。

4)「欲しい」と「稼げる」は違う

　お金を稼ぎたいからFXに参加しているのだろうが、「FXでどのくらい稼ぎたいのか」は、実は参加者の中でバラバラである。月に資金を倍にしたいという者もいれば、月に資金の1％程度の利益を目標とする者もいるだろう。

　FXに参加した人は「月にこれだけは欲しい」という目標を持ってから勉強を始める者も多い。だが、私はこれを決して正しいと思わない。
　「自分は頑張るからガッツリ稼ぎたい」「自分はそんなに時間もとれないから、ほんの少し儲けるだけでいい」。両方とも馬鹿げている。時間給のバイトではないのだ。
　書店に行くと、必ずと言って良いほど、「月に○○円稼ぐ方法」などとうたった本をよく見かける。
　FXを少しやったことがある人ならわかると思うが、月に1万円稼げる技術が確実にあるならば、10万円でも、100万円でも、1000万円でも稼ぐ能力があるということだ。

　金額指定のアプローチのタイトル本は意味不明だと考えている。適当な表現は証拠金に対して、あるいは、口座残高に対して「○○％増」だ。金額やpips数ではない。1日（もしくはひと月）にpips数でどれだけ取るかという表現があるが、そもそも特定の決済方法に偏る方法であるから適当ではない

　参加者はまず「FXでどれくらい稼げるかがわからない」という点から入らなければならない。それを導き出すために、"それ"を証明する作業が例外なく求められているのだ。月にどれだけ欲しい、では

ない。月にどれだけ稼げるかを調べることが先だ。金額の目標から入る人は、取り組むべき順序が逆なのである。

第2節
「過去にこうなったときに、こうしたら、こうなった」が大事

　まずは、あなたに、次のような質問をしてみよう。

> Q：あなたは、なぜ、そのトレードをしたのか？

　おそらく、あなたは自信を持って「移動平均線が……」とか、「MACDが……」とか、「ボリンジャーバンドが……」とか、「ファンダメンタルズ的に……」などと、答えるだろう。
　実は、ここまでは問題ない。それでは、次の質問をしたらどう答えるだろうか？

> Q：あなたが言う「○○○だからトレードした」の根拠は何か？
> 　　その「○○○でトレードすること」がなぜ正しいと言えるのか？

　先ほど、自信を持って「○○○だから」と答えていた人たちはここで悩み、そして口を閉ざす。「そのやり方を正しいと誰かが言っていたから」と言う人も出てくる。

「自身のトレードが正しいかどうか」を証明するにはどうすればよいのか。それには、**「過去に、こうなったときに、こうしたら、こうなった」**ということを証明するしかない。そもそも、過去に「その方法でうまくいっていたかどうか」の確認がとれなければ、その手法を実際のトレードに採用してはいけないのである。

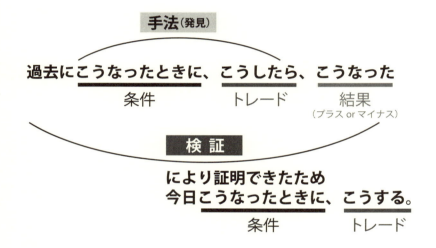

第3節
我々の仕事は何か？

　トレーダーの仕事と聞いて、あなたは何を思い浮かべるだろうか？
　エントリーのことだろうか？　決済のことだろうか？　資金管理のことだろうか？
　しかし、勘違いしないでほしい。我々の仕事が「実際にトレードすることだけだ」と思っているとしたら、それは、まったくの誤解だからだ。

　我々の主な仕事は、トレードすることだけではない。**発見と証明と稼働**という３つの仕事が、我々のなすべき仕事である。
　発見とは、トレードをした結果、プラスに導くための運用方法を見つけることである。
　証明とは、発見した運用方法が正しいこと（通用すること）を明らかにすることである。
　稼働とは、証明した運用方法でトレードすることである。実際のエントリーや決済などは、この稼働のプロセスにすぎない。
　手法を「発見」し、その手法が正しいことを「証明」し、さらに正しいと証明された方法を「稼働」させること。この一連の流れがそろって、初めて正しいトレードとなる（次ページの図を参照）。

　極端な話、発見と証明で完全に言語化できるのであれば、システム

◆トレーダーの仕事（再掲）

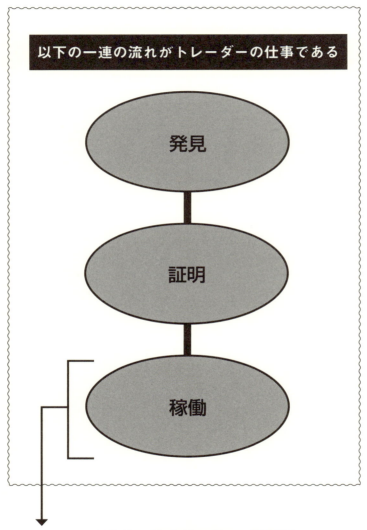

エントリーや決済、資金管理等の「稼働」だけが
トレーダーの仕事ではない

を作り、機械に稼働、つまりトレードを任せることも可能になる。つまり、私たちがトレードだと誤解している「稼働」は、「発見」と「証明」がなされているならば、おまけのようなものなのだ。

　現状、トレードに迷いが生じていたり、成績が思わしくない方たちの多くは、トレード以前の問題である「発見」と「証明」が不十分である可能性が高い。トレードにおける悩みなど、「発見」と「証明」ができてからの話である。エントリーがどうのこうのと言うよりも、まずは「発見」と「証明」を見直したほうが良くなるケースは多い。

　大事なことなので、もう一度、繰り返す。手法を「発見」し、その手法が正しいことを「証明」し、さらに正しいと証明された方法を「稼働」させること。これが正しいトレードである。

第4節
チャートは常に正しい

　多くのエコノミストや有名トレーダー、そして本書の読者も、毎日、まだ見えないチャートの「右側」を予想して勝手に描いている。
　多くの参加者はすでに気づいているはずである。そのような予想は当たらないことを……。
　当たらないのはなぜなのか？　予想をしている人たちが優秀じゃないから？　それもあるかもしれないが、そもそもマーケットで戦っているプロのトレーダーが「予想」をしているだろうか？　トレードに「予想」は必要なのか、甚だ疑問である。

　先に、発見と証明と稼働がトレーダーの仕事であるという話をした。この発見と証明と稼働を考えるにあたって欠かせないものがチャートである。

　チャートはいつも正しいメッセージをくれる。仮に、あなたが「ここからは絶対に上がる」と予想をしたとして、自分の予想と大きく違う値動きをしたとしよう。あなたはこう思うはずだ。「自分には間違いのない根拠がある。だから、下がっているのは今だけで、すぐ上がる」と。なぜなら、自分の予想では「上がる」はずなのだから……。
　しかし、それは「チャートがおかしい」のでなく、「自分の予想がおかしい」のである。現実を目の当たりにしても、自分の予想を否定

できずにポジションを保有し続け、自分の思惑とは逆に進み続けるチャートに向かって「この動きは正しくない」と、あなたは言うのだろうか？　膨らみ続ける含み損に頭を抱えながら、毎日、自分の根拠を肯定してくれるような情報ばかりを探すのだろうか？　もしそういう愚行を選択するのだとしたら、今すぐ、トレードはやめたほうがよい。

　間違っているのはあなたであって、チャートではない。チャートは、あなたの間違いを「マイナス（含み損）」という形にして教えてくれるわけだから、（あなたは）その声を素直に聞かなければならない。「必ず上がる」と思って買った相場でもチャートが違うと言えば、それは違うのだ。あなたの希望通りにチャートは動いてくれない。

　予想で戦うと、「思い込み」が邪魔をしてチャートからのメッセージに気づけなくなる。だとすれば、我々がすべきことは「予想で戦うことをあきらめ、事実でどう戦うのか」を考えることである。

　未来のことは誰にもわからない。要するに、我々はまだ作られていないチャートを見据えて戦わなければならないのだ。未知なるものと戦うためには、「これまでに作られた足跡（チャート）」をヒントにするしかないのである。つまり、「正しい結果」をいつも示してくれるチャートを分析して、発見と証明と稼働を考える必要がある、ということだ。過去のチャート（＝常に正しいもの）をヒントにしなければ、正しいトレードは永久にできない。

第5節
発見

本節では、「発見」について詳しくお話しする。

1)「発見」するための作業とは

　「発見」の目的語は何かというと、俗に言う「手法」である。手法とは、あらためて説明すると、<u>特定のルール（決まり）があって、それに従ってトレードをする</u>というものである。

　この手法（ルール）作りが「重要である」と唱える人もいて、世間一般、「手法＝最重要課題である」という認識が広まっているように思う。これは、実は正しい。ある一定割合以上の決まりを作り、その通りにトレードすることは必要なのだ。

　しかし、「手法が必要だ」と認知されるようになったものの、「なぜ、必要であるか」を説明できるだろうか？　ここではその"なぜ"についてお話ししたい。

　なぜ、このような手法（ルール）が大切になってくるのか？　その最大の理由は「その時々の思いつきでトレードを繰り返すと、トレードに一貫性が生まれない」というところにある。決まりがなければ、ひとつひとつのトレードが過去のチャートによって立証されていないのだから、「このやり方でいいのだろうか」と、いつも迷うことになる。

エントリーだけの話に終わらない。決まりがなければ、自身のトレードを振り返ることも難しい。例えば、時が経ち、気がついたらマイナスが大きくなっていたとしても、または運良く大きくプラスになっていたとしても、「どうしてそういう結果になったのか？」の原因を定かにできない。原因がわからなければ、改善することも、大きく進化させていくことも不可能になる。

　我々には、それぞれ、仕事をするためのマニュアルが必要となる。そのマニュアルが手法である。言い換えれば、行動パターン（仕事を効率よく進めるためのパターン）である。そして、マニュアル自体は、自身が作り出してもよいし、それが面倒ならば、どこかのマニュアル（ほかの人が提唱している手法）を引っ張ってきてもよいのである。

　補足だが、たまに「手法は自分に合ったものが良い」といった論調がある。自分に合うと言うと、

・（自分は）この手法でこれだけ稼ぎたい
・空いた時間だけでトレードしたい
・トレード環境が用意できないのでスマホで簡単にできるトレードをしたい
・チャートをこまめに見る暇がないから中長期的なトレードをしたい

など、自分の性格やライフスタイルに相場を合わせようとしたがる人がいる。
　当然だが、相場はあなたの都合なんて一切考えてくれない。相場とうまく付き合っていくためには相場を知ったうえで、「その相場に対し自分はどうアプローチしていくべきか？」と考えるほうが自然である。まずは相場ありきである。

2）予想ではなく、事実でトレード

　発見では、ルールを明確にすることが大事になる。ただし、シンプルすぎるルールでは、エントリータイミングが多くなったり、バラバラになったりすることがある。例えば、あるインジケーターのサイン（仮にサインAとする）を根拠としてエントリーすることに決めたとしよう。でも、そのまま単純に使って通用するほど、相場は甘くない。その場合、実際の運用で採用するのは難しいこともある。そのときは、以下のようにもう少し条件を加えてみるとよい。

①時間限定（例：トレードする時間を○時から○時までに限定し、その時間内でサインAが出たときにエントリーする）

②通貨ペアを特定のものに絞る（例：ドル円でサインAが出たときだけエントリーする）

③インジケーターを複数使う（例：インジケーターを複数使って、サインAと同時にほかのインジケーターのサインも出たときにエントリーする）

④エントリータイミングを限定（買いのサインAに従うなら上昇トレンドの途中や安値を切り上げているとき、オシレーター系のサインで売られ過ぎになっているとき。売りのサインAに従うなら下降トレンドの途中や高値を切り下げているとき、オシレーター系のサインで買われ過ぎになっているとき）

　例えば、上記の「③」で言うならば、他のインジケーターとの組み合わせを増やし、さらに条件を絞ることによって、一定のトレードをするならば、より正確さが増し、場合によっては裁量の余地がない完全なシステムにすることも不可能ではない（それが安定的な利益を生み出してくれる有効な手法であるかはさておき……）。

このように、条件を加えて、事実がいくつも重なったときにトレードをすると、そのトレードの正確さが増すことがある。「こうなったときに、こうなる」という事実をいくつも重ねて、ひとつずつのトレードの精度を高めるようなイメージといえばわかりやすいかもしれない。
　条件を絞る（増やす）ことによって、トレードの回数が少なくなると、ブレが少なくなる。つまり、一貫したトレードとなるため、検証でも正確なデータが取りやすくなる。
　また、検証した内容を稼働させるときには、ブレることなく使うこともできる。
　自分が採用したインジケーターやオシレーターのサイン、自分が限定した時間や通貨ペアなどの条件がいくつか重なったとする。例えば、AとBとCの事実が起こったとしよう。その**AとBとCが起こった後にDとなる（＝こうなる）確率の統計を取るのだ。そしてDを見てトレードに採用できるか判断するのである**。AとBとCとD、すべてを知ろうとすることを私は予想のトレードと呼んでいる。「すべて取れればいいじゃないか」と思うかもしれない。もちろん、それはその通りなのだが、すべて取れるなんて、思い上がりが過ぎる。
　AとBとCが起こるかどうかはわからない。ただ、AとBとCの事実が起これば、チャートにそれは出るはずであって、起こった事実はわかるはずだ。そのAとBとCの事実があって初めてDの中でトレードができるのである。だから、私は予想でトレードするのでなく、事実でトレードすると言っている。

　発見において、もうひとつ、大事なことを話しておく。**「いつ、いかなるときも通用するパターンはこの世にない」**ということを、我々は同時に肝に銘じておかないといけない。どんなときでもプラスの結果になるような手法を目指しても、世の中にそんなものはないから徒

労に終わる。だからこそ、条件を加えることが大事なのである。ある条件が整っているときだけ、サインが出たらエントリーする。これを心がけるだけでも、100％は望めないが、信ぴょう性はかなり高まる。

今は、エントリーのことを話しているが、見方を変えれば、これは無駄なトレードを省いているとも言える。

ルールを発見したとしても、それが本当に通用するかどうかは証明できるまでわからない。したがって、運用はもちろんのこと、発見したものが正しいかどうかを証明しやすくするためにも、ルールは明確で、かつ、トレードは絞ることが望ましい。

なお、「発見」の部分については、実は、**必ずしも自分でルールを考えなくてもよい。王道的な手法でも、誰かほかの人が考えているアイデアをそのまま引っ張ってきてもよい**のである。それこそ、移動平均線のゴールデンクロスをどうしても使いたいと思うのであれば、それを使えばよい(そのままでは使えないと思うが)。ただし、いずれにしても、次節で紹介する「証明」は必要となる。

第6節
証明

本節では、証明について解説する。

1）「証明」の大切さを知る

　我々は、発見したものが有効であるかどうか調べる必要がある。特に、一から作り出した自分のオリジナルの手法である場合は、この作業を省くことは絶対にできない。有効性を証明できなければ、思いつきでトレードしていることと変わりないからである。

　ほかの人が実践している手法を引っ張ってきた場合、すでに作成者によって証明が済んでいる可能性がある。したがって、証明を省くことができるという考えもあるかもしれないが、それはお勧めしない。
　例えば、裁量が少しでも含まれる場合、作者のマニュアル通りに、100％正確に実行できるかどうかわからない。なぜなら、自分の特徴が出てしまうからだ。

　したがって、他人が証明していたとしても、あらためて自分自身で証明する必要がある。仮に、完全なシステムトレードがあって、完全コピーが可能であったとしても、「これが有効である」というのは作成者側の論理であって、使う側の論理ではない。そもそも、作成者の

主張が本当に証明されたものかどうかを調べる術はない。

　以前、ある人（Aさんとする）が、あるマニュアルを購入して、「マニュアルの指示通りにトレードしてみたが、思うような結果にならない」と私に相談してきたことがある。その人は言う、「騙されました」と。そこで、私はその人に尋ねてみた。

私：その方法でやると負けるのか？
Aさん：その方法でやると本当に負ける。

　あまりに可哀想なので助言をしてあげようと思い、「では、私が特別に勝てる方法を教えてあげます」と言った。その人はビックリしたように「本当ですか？」と確認してきた。私は頷き、一瞬で解決するであろう答えを言った。

私：その方法の逆をやりなさい。

　このやり取りからわかるだろうか？　この人が何を根拠に有効でないと判断したのかはわからないが、その人の「負ける」という証明が本当のことであれば、それを逆サインとすれば、理屈では勝てるということになる。推測するに、この人は証明すらしておらず、短期的な実際の結果だけでこの相談をしにきたのだろう。
　このようなメンタリティでは、永久に手法の発見作業を繰り返すことから抜け出せない。
　その手法ひとつひとつを精査する能力がその人にあれば、どこかで有効な方法を取り入れて稼働（トレード）に移行できたかもしれない。このエピソードから「証明がいかに大切か」をわかってもらえたら幸いだ。

2)「証明」とは何か

　先に説明した通り、我々の仕事は「発見」と「証明」と「稼働」である。ここでいう「証明」とは、検証によって「プラスになるかマイナスになるか？」「どれくらいの期間で、どのくらいの損益があって、最大ドローダウンはどのくらいになるのか？」などを調べることである。

　正しく検証するにあたっては、トレードの基準となる「マニュアル」を用意する必要がある。その代表例が、数あるインジケーターなどだ。その中から何を選択して、どのように使うかはそれぞれの判断となる。そして、「どの方法で行くのか」を決めたものが先述した「発見」なのだ。

　ただし、発見した手法が有効であるのか、もしくは使うに値しないものなのかは、いずれにしても証明しなければわからない。そう、あなたが用意したマニュアルでトレードを繰り返した場合、「どうなっていたか？」を調べてもらいたいのである。

　なお、2～3年は同じトレンドが続くこともあるため、10年以上分のサンプルを取るのが望ましい。それが終わったら同じことをもう1周する（仮に1周目を2005年～2015年としたら、2周目も2005年～2015年を検証する）。2周目と1周目を同じにするのは意外と難しい。例えば、裁量に寄り過ぎている場合やトレード回数が多い場合には、トレードにバラつきが出る。ここで「同じにするためにはどうするか？」と本気で考えれば、自ずと、トレード回数を多くし過ぎないとか、時間帯を選ぶとか、裁量をなるべく少なくするなどに行き着く。

　逆に、2周目が1周目とほとんど一致したのであれば、ブレのないマニュアルであることも同時にわかる。

　ここまでは、発見が十分であれば難しい作業ではないが、時間はかかる。ただ、それだけの価値はある。

　なお、証明のやり方については、「検証ソフトの使い方を覚える」に過ぎない。本書では巻末付録で解説する。

第7節
稼働

1）「発見」「証明」した手法を実際に使うことが「稼働」

　発見と証明が済んだら、次の段階の「稼働」に移ることになる。すでに気づいている方もいると思うが、「この段階まで来ている」ということは、トレードですべき作業のほとんどが済んでいることになる。"有効と証明された方法（手法）"を稼働させるだけなのだから、理論上、そして統計上、プラスになり続けるはずだ。

　一点、誤解のないように言っておく。「これまでにずっと通用していた手法が急に通用しなくなるかもしれない」ということは覚えておいてほしい。相場に絶対はない。しかし、「絶対がないこと」を主張して、この論理（証明することの大切さ）を否定するのはナンセンスである。

　なぜなら、証明された手法以外で稼働の正しさを証明する方法などないからである。証明された手法以外に、トレードするための材料はないのだ。つまり、トレードをするのであればチャートの左側（過去のチャート）をヒントにパターン（＝ルール）を見つけ、そのパターンが通用することを証明し、証明されたパターンを稼働するほかないのである。この一連の流れを否定するのは愚かとしか言えない。

　逆に、稼働（トレード）に関しては、発見と証明が済んでいる人に

は、特に言うことはない。あとはやるべきことをやればよいだけの話になるからだ。

2）ルールは、守ってこそ「ルール」である

　発見し、証明されたマニュアルを稼動しつづけることは、一見すると、簡単そうに見える。

　ただ「ルールを守ることこそ難しい」や「メンタルが重要」という声が参加者の中から度々上がるのも事実である。

　長くトレードを続けていると、ドローダウンの発生によって不安を感じてしまったり、目先のプラス・マイナスにこだわってしまいそうになることもある。

　そんなときに限って、マニュアルと違うトレードをしてしまい、偶然にもプラスになってしまう。またはマイナスが大きくなり、それを取り替えそうとさらにマイナスを膨らませてしまう。

　いずれの結果にしても、せっかく作成したマニュアルが崩れていくことだろう。

　こんなことを繰り返す参加者を正す文章は思いつかない。

　マニュアルが重要であることを理解しながらマニュアル通りにできないメンタリティでは、トレードに費やす時間もお金も本書の先を読む意味もなくなるだろう。

　さっさと本書を閉じ、口座から全出金の手続きをし、別のことに時間を使うべきである。

第8節
稼働へ移ったときの注意点
～トレーダーが陥りやすい罠～

「トレードにはメンタルが大事だ」という話を、よく耳にする。間違ってはいないが、それは、すでに「発見」と「証明」が済んでいる人の論理であって、そもそもここ（発見と証明）が不十分である者にとってはトレードする準備すら整ってないわけだから、「メンタルがどう」とかを気にする必要はない。

以上のことを前提に、「稼働」へ移ったときの注意点を話そう。

1）なぜルール以外のトレードをしてしまうのか？

まず証明された方法でトレードすることだ。「証明された」とは、つまり「こうなったときに、こうなる」という根拠があるトレードである。

したがって　当然ではあるが、証明に使った方法以外のトレードは、実際のトレードにおいて稼働させてはいけないのだ。証明されていないものを稼働させることはタブーなのだ。にもかかわらず、「ルール外のトレードをしてしまった」という経験をした人は多いと思う。

「ポジポジ病」という造語がある。この意味を誤解していないだろうか？　トレード数の多いことが問題なのではない。焦りなどを原因とする、ルール外の必要以上のトレードが問題なのだ。仮に、トレー

ド数の多いことがルールならば、数を打つべきである。

　トレード経験の少ない方は簡単にこういうことを言うかもしれない。「ルールを守れば勝てるなら、ルールを守ればいいじゃないか」と。

　それはその通りで正解だが、簡単に見えそうな「ルールを守ること」が実際には難しいことを、トレード経験のあるあなたならわかっているはずだ。
　ある人は「トレードに大事な部分の多くはメンタルである」と言う。だが、それは先に言った通り、発見と証明を済ませた人の論理である。
　裏を返せば、発見と証明が終わった後からはメンタルが重要になる。稼働し続けなければならないからだ。要するに、「決まった方法でずっとやり続ける」という段階にまで来た人にとっては、「ルールを守れるか？」だけが問題になるのである。したがって、「メンタル」が大事という理屈はよくわかる。

　トレードをしていると、ドローダウンが続くことがある。使う方法やトレードスタイルによっても差異はあるだろうが、絶対にある。勝率100％のトレードなど存在しない以上、どのトレーダーにも例外なく起こるであろうドローダウンにどう対処するかは、各々、トレーダーのメンタルコントロール次第となる。
　本来ならば、実に単純な話だ。証明できたルールを使い続けるだけでいい。ただ、それが難しいのだ。結局、ドローダウンが続いたことで自信をなくすトレーダーも多くなる。
　ドローダウンで自信をなくす主な原因は「証明不足」である可能性が高い。自信をなくしてルール通りにトレードすることが怖くなり、「他のトレードも試してみたら……」という甘い考えを選択してしまうようなら、今一度、証明作業をすることを私は勧める。

2）マーケットの中の天使と悪魔

　マーケットには天使と悪魔がいて、「天使と悪魔がバランスを保っているから、相場が成り立っているのだろうか？」などと考えたことはあるだろうか？

　マーケットの中の天使は参加者にご褒美をくれる。逆に、悪魔は参加者の口座から容赦なくお金を奪っていく。

　ある参加者は言う、「私には悪魔がついて離れない」と……。また、別の参加者は言う、「私にはずっと天使がついていてご褒美を貰い続けている」と……。

　このように考えると、相場の世界全体でバランスが取れていたとしても、個々の参加者レベルまで話を落とすと、人によって「偏り」があるようだとわかる。

　私の見てきた限りで言うと、焦って利益を取りにいこうと無理なトレードをする人にほど悪魔が付きまとっているように感じている。

　無理なトレードを実行したとして、偶然にもうまくいってしまったとしよう。そのときは、あなたの勇気（＝無謀）に敬意を表し、天使があなたの資金量と行動に見合わない大きな大きなご褒美をくれる。だが、これは、おいしい思いをさせてから、渡したご褒美以上のものを取り立ててやろうと考える"天使を装った悪魔"の仕業である場合が多い。

　コイツ（天使を装った悪魔）はとてもタチが悪い。なぜなら、短い期間で大きなご褒美を受け取らせているからだ。この大きなご褒美を、参加者はいつまでも夢想する。悪魔に取り立てられても、取り立てられても、そのたびに甘い期待にすがり、そして泥沼に沈んでいく。

　最初にあなたを訪れてくれたのが"悪魔の格好をした悪魔"であれ

ば、どれほど楽だっただろうか。

　一方では、本質を見抜き、自分の跳べるハードルの高さを自覚して、それ以上を求めずにコツコツ跳ぶことを決めた参加者もいる。この参加者のもとには、天使が資金量と行動に見合う分だけの小さな小さなご褒美をもって訪れる。身の丈に応じたご褒美であるから、参加者は心を揺さぶられることなく、また甘い夢を見ることなく、受け取ることができる。その結果、資金量は徐々に、そして安定的に増えていく。そう、この参加者は、ご褒美が大きくなっていく喜びを年々味わうことができるのである。

3）FX 5カ年計画書　〜1日5pipsの威力を知れ〜

　朝から晩までチャートに張り付いて「どんな目標を立てて、どんなロジック（手法）で、何pips確保することを目指しているか？」と聞かれたとしよう。あなたは、この質問に答えられるだろうか？
　この質問は少しまわりくどいかもしれないので、もっと単純にしよう。

「あなたは、いくら欲しいのか？」

　このような質問をすれば、あなたは「あればあるだけ……」と答えるだろうか。その回答では、話が先に進まないので「1億円」と仮定しよう。

　では次の質問だ。「1億円を、いつまでに欲しいか？」と聞かれたらどうだろうか。
　この質問をすれば、間違いなく「なるべく早く」と即答することだ

37

ろう。私は"ここ"に問題があると考えている。

　FXの場合、平日であれば、ほとんどまる一日、好きなだけトレードができるため、時間が許す限り、稼げるチャンスがある。証券会社や情報商材は「10万円が1年で○○億円に」「月利800％も可能」などと、過剰な宣伝をしている。本屋に行けば、そういうえげつないタイトルの本ばかりが並び、ニュースでは「主婦が空いた時間で簡単に莫大な金額を稼いでいる」と取り上げる始末……。
　皆さんがFXに手を出したきっかけも「簡単に莫大な金額が稼げる」という甘い考えではないだろうか？
　莫大な金額が稼げるというその作業は、人によっては「簡単」に見えることもあるだろうが、その理屈で言うなら、私が知る限り、多くの参加者は「簡単に莫大な金額を稼ぎにいってない」としか思えない。そもそも「FXで稼ぐロジック」が理解できていない。わかっていても実行できていない。
　過剰な宣伝文句を見て「私にもできそうだ」という甘い考えを持ち、さらには、「早く大金を稼ぎたい」と焦った結果、俗にいうところの「ポジポジ病」になってしまうのだろう。
　早く稼ぎたい気持ちは、私にもわかる。いつでも何度でも取引できるため、それが理論上、不可能でないことも事実だ。

　しかし、トレード経験がある方は、それが極めて難しいことくらいわかっている。わざわざハードルを上げる必要はないのだ。
　「余命1年で、家族に多くのお金を残したいからすぐに稼ぎたい」といった事情がある方は別として、大体の人は「この先ずっと経済的に豊かに過ごしたい」がトレードをすることの目標だと思う。そうならば、焦らずに、長い目で見たらよいのである。
　例えば、5年後、あなたはどんな姿勢で相場に向かっているだろう

か？　この質問に、真剣に向き合ってほしい。
　「そんな先の話より今すぐ稼ぎたい」と思う人もいるだろう。「来月こそは、資金を倍以上に増やしてやる」と考える人もいるだろう。だが、そういう無理なハードルを跳び越えようとしても転ぶだけである。
　無謀なことをやろうと考える人は、5年後も同じことをやっているだろう。それも、利益もたまらずに、無謀なことだけを繰り返しているはずだ。無謀なこと（タブー）を継続している以上、利益が蓄積されているとは思えない。事実、FX歴が長くても失敗している人もいれば、短くても成功している人はいる。トレード経験の長さが結果を左右するのではないのである。ここの考えを変えるか変えないかで、今後が大きく左右される。

　FXを経験すれば、誰でも一度くらいは負ける人に共通する癖（ポジポジ病、逆張り癖、利小損大など）に陥ったことはあると思う。それを私は単に「メンタルの問題」と位置づけたいと思う。勝てるようになるためには、この課題を各々がクリアしなければならない。
　ハードルを高くして無理に跳ぼうとするか。それとも自分が跳べるハードルの高さに設定し、毎月コツコツ確実に跳んでいくか。これを決められるのはあなただけなのである。

　ここで簡単な計算をお見せしよう。
　1日20〜30pips目標とか、1カ月で倍に増やすなどと豪語している人が多くいる。そういう人たちに「1日平均5pipsなら確実に取れるか？」と聞くと、「それくらいなら……」と答える方が多い。
　では、1日に平均5pips取るとどうなるか？　計算していこう。
　1週間に25pips（5日×5pips）、1カ月で約100pipsになる（※10万円から始め、増やした分、ロット数を増やすと仮定する）。

ドル円の必要証拠金をレバレッジ25倍、1万通貨で5万円と仮定する。10万円あるので2万通貨で取引を始めてみよう。

　2万通貨で100pips取れば、資金は2万円増える。つまり1カ月後は、12万円に膨らむ。同じようにトレードすれば　2カ月後には14万円になる。始めたときから4万円も増えたことになる。「2カ月頑張ってたったの4万円では少ない」と思う人もいるだろう。計算を続ける。3カ月後、また同じようにトレードすると16万円になる。
　ここから、3万通貨でトレードできるようになる。3万通貨×100pips＝3万円だから、1カ月で増えるお金も2万円から3万円に増えることになる。

　4カ月後は19万円、5カ月後は22万円。ここからは4万通貨でトレードできるようになる。要するに、1カ月で増えるお金が3万円から4万円になったわけだ。このように計算をすると、次のようになる。

6カ月後　260000円
5万通貨× 100pips ＝ 50000円

7カ月後　310000円
6万通貨× 100pips ＝ 60000円

8カ月後　370000円
7万通貨× 100pips ＝ 70000円

9カ月後　440000円
8万通貨× 100pips ＝ 80000円

10 カ月後　520000 円
10 万通貨 × 100pips = 100000 円

11 カ月後　620000 円
12 万通貨 × 100pips = 120000 円

12 カ月後　740000 円
14 万通貨 × 100pips = 140000 円

　1 年後、あなたの残高は 74 万円まで膨らみ、月の収入は 14 万円に達した。素晴らしい。
　年収 64 万円なら働いたほうがマシ？　いやいや、この実績を見てほしい。あなたは 1 年間ルールを守り、実績を上げてこれたではないか。コンスタントに資金を増やせる能力。これが効果を発揮するのはこれからだ。

13 カ月後　880000 円
17 万通貨 × 100pips = 170000 円

14 カ月後　1050000 円
21 万通貨 × 100pips = 210000 円

15 カ月後　1260000 円
25 万通貨 × 100pips = 250000 円

16 カ月後　1510000 円
30 万通貨 × 100pips = 300000 円

17カ月後　1810000円
36万通貨×100pips＝360000円

18カ月後　2170000円
43万通貨×100pips＝430000円

19カ月後　2600000円
52万通貨×100pips＝520000円

20カ月後　3120000円
62万通貨×100pips＝620000円

21カ月後　3740000円
74万通貨×100pips＝740000円

22カ月後　4480000円
89万通貨×100pips＝890000円

23カ月後　5370000円
107万通貨×100pips＝1070000円

24カ月後　6440000円
128万通貨×100pips＝1280000円

　2年が経過した。
　あなたの口座はすでに644万円に膨らんでいる。10万円から始めたわけだから、合計634万円儲けたことになる。実に素晴らしい！

この段階になると、あなたの月収は100万円を超えている。そろそろ満足してきただろうか？　まだまだ計算してみよう。

25カ月後　7720000円
154万通貨 × 100pips ＝ 1540000円

26カ月後　9260000円
185万通貨 × 100pips ＝ 1850000円

27カ月後　11110000円
222万通貨 × 100pips ＝ 2220000円

28カ月後　13330000円
266万通貨 × 100pips ＝ 2660000円

29カ月後　15990000円
319万通貨 × 100pips ＝ 3190000円

30カ月後　19180000円
383万通貨 × 100pips ＝ 3830000円

31カ月後　23010000円
460万通貨 × 100pips ＝ 4600000円

32カ月後　27610000円
552万通貨 × 100pips ＝ 5520000円

33カ月後　33130000円

662万通貨×100pips＝6620000円

34カ月後　39750000円
795万通貨×100pips＝7950000円

35カ月後　47700000円
954万通貨×100pips＝9540000円

36カ月後　57240000円
1144万通貨×100pips＝11440000円

　3年が経った。あなたの残高は5724万円まで増えている。船でも買うんですかね？
　月収1000万円超え。税金が怖くなってきただろうか。5カ年計画なので、まだまだ続く。

37カ月後　68680000円
1373万通貨×100pips＝13730000円

38カ月後　82410000円
1648万通貨×100pips＝16480000円

39カ月後　98890000円
1977万通貨×100pips＝19770000円

40カ月後　118660000円
2373万通貨×100pips＝23730000円

41カ月後　142390000円
2847万通貨×100pips＝28470000円

42カ月後　170860000円
3417万通貨×100pips＝34170000円

43カ月後　205030000円
4100万通貨×100pips＝41000000円

44カ月後　246030000円
4920万通貨×100pips＝49200000円

45カ月後　295230000円
5904万通貨×100pips＝59040000円

46カ月後　354270000円
7085万通貨×100pips＝70850000円

47カ月後　425120000円
8502万通貨×100pips＝85020000円

48カ月後　510140000円
10202万通貨×100pips＝102020000円

　4年が経過した。資金は5億円台になっている。これなら、遊んで暮らせそうだ。このころには六本木ヒルズに引っ越すことを考えているだろうか？　地方に大きな家を建てて余ったお金で余生を過ごすのもいいかもしれない。

これだけの実績があれば、相場なんかもう怖くない。怖いのは税務署だけだ。せっかくなので最後まで見てみよう。

49カ月後　612160000円
12243万通貨×100pips＝122430000円

50カ月後　734590000円
14691万通貨×100pips＝146910000円

51カ月後　881500000円
17630万通貨×100pips＝176300000円

52カ月後　1057800000円
21156万通貨×100pips＝211560000円

53カ月後　1269360000円
25387万通貨×100pips＝253870000円

54カ月後　1523230000円
30464万通貨×100pips＝304640000円

55カ月後　1827870000円
36557万通貨×100pips＝365570000円

56カ月後　2193440000円
43868万通貨×100pips＝438680000円

57カ月後　2632120000円

52642万通貨×100pips＝526420000円

58カ月後　3158540000円
63170万通貨×100pips＝631700000円

59カ月後　3790240000円
75804万通貨×100pips＝758040000円

60カ月後　4548280000円

5年後　45億……

　誤解がないよう言っておくが、こんなに極端な計画書を持って来たら、私はすぐに破り捨てる。これは、ドローダウンなどを一切考慮しないときのプランだからだ。

　にもかかわらず、なぜ、このような極端な例を出したかと言うと、コツコツ増やしていくことの威力を知ってほしかったからだ。安定的に増やしていくことができれば、あなたが思う以上に資金は貯まるということなのだ。

　それがわからなくて、焦って稼ごうとしているうちは、ポジポジ病、逆張り癖、利小損大などからは抜けられない。

　跳べない高さのハードルを設定して転んでいる方は、5年後も同じ高さに設定したままで、やはり転んでいるはずだ。5年も跳ぶことができなかったのに、明日から急に跳べるようなことはない。

　逆に、欲を出さず自分に合った高さに設定してコツコツ跳んでいる方の場合は、5年も経てばしっかりと力がついて、思っている以上の大きなご褒美を受けられることだろう。

　つまり、ハードルを上げている人たちは、こんな計算すらできない

のか、余命がよほど短いかのどちらかなのである。
　さて、もう一度聞こう。5年後あなたはどんな姿勢で相場に向かっているだろうか？

第9節
テクニカル分析と
ファンダメンタルズ分析

　参加者の間で採用される手法は、実にさまざまであるが、、大きくは「テクニカル分析」と「ファンダメンタルズ分析」によるトレードに分けられる。
　ある者はテクニカル分析のほうが大事、ある者はファンダメンタルズ分析のほうが大事、またある者は両方大事と考えるだろう。

「あなたが重視する割合は、どうだろう？」

　仮に、私がこの質問を受けたなら、次のように即答するだろう。

「テクニカル分析のみである」と。

　多くの参加者は、為替が動く原因として、「ニュース、つまりファンダメンタル的な要因が重要になるのではないのか？」と考える。
　私は、情報によって参加者の売買が活発になり、その結果、相場が動くことを否定しているわけではない。ただし、情報を知ることで、「その情報によって相場がどう動くか」を予想してトレードすることは絶対にしない。

　ここでひとつ、質問をしたい。そもそも、このアナリストたちが「本

当に我々と同じようにトレードをしているのか？」と考えたことはあるだろうか。

　先に書いた「発見」と「証明」と「稼働」の、（手法の）発見・構築をするときに「入口（エントリー）」や「出口（決済）」の細かい条件を決める必要がある。
　「ファンダメンタルズ分析」の大雑把な予想は、そもそも入口・出口や具体的な条件についてハッキリ書いていないことが多い。
　大雑把な予想であれば、大体、その通りになることもあるかもしれないが、ここで我々が考えなければならないことは、「どこで入り、どこで決済するか？　リスク回避はどこに設定するか？」である。こういった戦略が具体化されていなければ立ち回れないことについては、経験のある者はすでに知っているはずである。

　仮に、情報を参考にした「予想」で戦うとして、統計上、それが正しいことをどうやって「証明」するのだろうか？
　自身で検証作業をやる機会があるならば、そこで気づくと思うが、「その情報が出たときに、こう動く」ということが、ファンダメンタルズ分析派にはどうしてわかるのか、甚だ不思議である。そもそも、過去、同じ情報が出たときにこうなったという証明はしたのだろうか？
　また、予想通り動いたとして、その動きに対して自分はどのようなアプローチをすべきなのか、具体的な戦略が構築できているのだろうか？
　先にも書いたが、「発見」と「証明」が済んでいない場合は「稼働」に移れない。つまり、実戦で使うには値しないのである。

第10節
動く原因を知る必要はあるのか？

　先ほども書いた通り、動くその要因が、場合によってはファンダメンタルズ的なものであること自体は否定しない。
　ただ、その情報を織り込んでチャートに反映されるのであれば、その値動きだけに集中し分析するテクニカル派は、当然、その動きに反応することになる。
　テクニカル派は、ファンダメンタルズ的な要因で動くチャートを無視しているわけではないのである。

　動く原因を知ろうとするファンダメンタルズ派に対し、テクニカル派は動いたという事実に注目する。

　例えば、ある通貨が短時間で大きく上昇したとする。
　ファンダメンタルズ派は、この強い上昇の原因を事前、あるいは事後に知ろうとし、それによる影響を予想してトレードする。
　一方、テクニカル派は、この強い上昇を確認し、これに対してトレードする。原因については関心がない。
　どういった原因であっても、チャートの動きだけが真実であり、利益はそこから生まれる。

　私は、そのチャートの影響・事実だけに集中することを選んだ。ファ

ンダメンタルズ派が探す情報は、私にとっては目を曇らせる不必要な情報なのである。

第2章

私が「発見」した、
「証明」済みの手法からヒントを見る

～ 入口編 ～

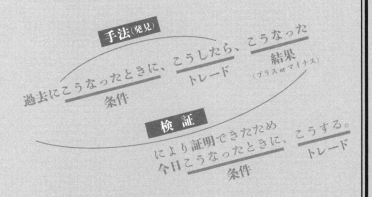

第1節
私の手法の概要

　第1章で、トレーダーの仕事は**「発見」「証明」「稼働」**の3つであるという話をした。なかでも、**「"今、あなたが発見し、稼働している手法は正しいと証明されているかどうか"を確認してほしい」**というところは、必ず実践してもらいたいと思う。

　さて、ここで、あなたは思うかもしれない。「証明、証明と言うが、著者であるあなたはいったいどんな手法を使っているのか。それは、正しいと証明されているのか」と。

　そこで、本章と第3章では、私が実際にトレードしている、証明されたやり方を紹介しようと思う。

　はじめに断っておきたいのは、**「本書を通じて読者の方へ"手法だけ"を説明したいと思っているのではない」**ということである。

　私は、どういった入口（エントリー）と出口（決済）を設定して、どんな条件が起こったときにそれが実行できるかなど、毎日、同じことを繰り返している。

　「FXでやっていくために何が必要なのか？」について、先に「発見」と「証明」と「稼働」のみと説明したが、本章と第3章は「発見」の部分に過ぎない。しかし、「発見」と言っても、何をヒントに取り入れていけばよいのかがわからない方も多いと思う。

　そういった意味で、私の使っているトレード法を紹介しようと考え

たわけである。私の手法が採用できる・できないにかかわらず、目を通してもらって参考になるようならば幸いである。

さて、私が実際にトレードしている"証明されたやり方"は、**16時〜19時限定・通貨限定のラインブレイク**である（下図参照。厳密には、後述しているように、勢いもエントリーの根拠になる）。

ただし、ひとつ、お話ししておきたい。私の手法を真似ても構わないが、あなたが実行するときには、自分で必ず証明してほしい。完全に言語化できる内容であれば真似ることも容易かもしれないが、実際に私が採用しているトレード方法には一定の裁量が入っているからだ。

したがって、説明した内容を受け取ったとしても、各々でトレードするときにズレが生じることも、当然、出てくるだろう。ただ、自分の判断・裁量で証明できたのであれば使う価値がある。

なお、「証明」の方法については、「発見」ほど難しいものではなく、検証用のソフトの使い方を覚えれば完結する話に過ぎない。したがって、168ページ以降で巻末付録として説明する。

「稼働」については、証明された手法を実行するだけの話となる。したがって、本書では、特に言及はしない（稼働についての注意点は34ページで紹介している）。

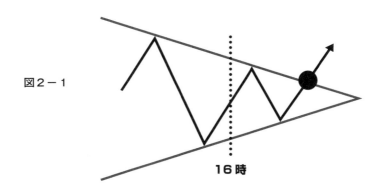

図2-1

16時

1）時間限定・通貨限定のラインブレイク

　私のトレード手法は、特別なものではない。はっきり言ってしまえば、どこかで見たことのあるようなものである。ただ、それに条件などを細かく加え、より具体的にしたものである。そして、**私が使ううえでは「正しい」と証明済み**である。当手法の条件を箇条書きにすると以下のようになる。

◎エントリー時間は原則16時～19時限定
◎「ブレイクアウト・大きく動く（＝仕掛け）」でエントリー
◎通貨ペアはドル円、もしくは、ユーロドル

　端的に書くならば「欧州の序盤の仕掛けに便乗する」だけのことである。これだけである。これだけであるが、「正しい」と証明されているので、結果を残してくれている。
　当手法の特徴は、**「値動きが一方向に動くとき」**に注目しているところである。ひとことでいえば、**勢いがあるときを狙っている**ことになる。これが大前提だ。予想ではないことに注意してほしい。

　「一方向に動く」ところを狙うとしても、当然、そうなることもあれば、そうならないこともある。そうなったときに大きく取り、そうならなかったときには見送る、もしくは小さく負ける。
　では、どこを基準に「一方向に動き出した」とするか？　それを測るものさしとしてラインを使用している。
　取引時間はいつでもよいわけでなく、一方向に動きやすい・仕掛けが起こりやすい時間に限定したい。
　だから、時間限定のフィルターが必要であり、同時に、値動きにクセのない通貨ペアを選ぶことも必要になる。

◆**時間の選択根拠**について

　大きくアジア・欧州・ＮＹの３パターンに分け、それぞれの特徴を過去の値動きから見たとき、アジア時間では値動きが大きくないため省く（これはよく知られていることかと思う）。

　値動きが出てくるのは欧州・ＮＹであるが、一方向の素直な動きが出やすいのが欧州であった。ＮＹも値動き自体は大きいが、振り回す幅も大きいので適さないと考えた。これは自身で行った証明に基づいたものである。

　また、重要な指標、つまり一時的に取引量・大きな動きが出るところを避けるという側面もある。

◆**通貨ペア選択根拠**について

　取引量が圧倒的に多い主要通貨であるドル・ユーロ・円・ポンド、特に「ドル」に注目する。

　取引量が多い通貨ペア・ドルストレートは、テクニカルが忠実に反映されやすいと言われる。

　取引量が多いということは、その通貨ペアのチャートを表示させて取引する参加者が多いということでもある。故に、そのチャートでのテクニカル手法が通じやすくなるという理屈で、私もこれは一部支持している。

　これらの通貨ペアを直接的なものとするならば、クロス円は間接的なものであり、マイナー通貨を絡めるとさらに複雑になる。

　ただし、直接的なものがテクニカル手法で通用して、間接的なものは通用しないと証明するには、直接的な通貨ペアと間接的な通貨ペアを同時に走らせた検証結果が必要となる。ただし、これは極めて困難である。

　なお、直接的な通貨ペアで十分にトレードができるため、そもそも間接的な通貨ペアを選択するメリットがないこともある。

2）結果的にプラスに近づくことが大事

繰り返しになるが、当手法は「値動きが一方向に動く」ことが大前提となる。図2－2や図2－3のような値動きではない。

図2－2

図2－3

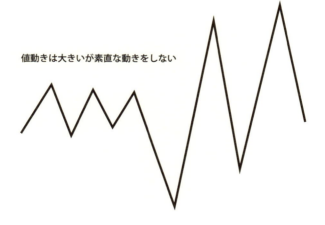

当手法では、図2－4のような値動きを前提にエントリーすることになる。もちろん、"前提"であるから、いつも思い通りの動きになるわけではない。

◎細かく勝つこともある
◎細かく負けることもある
◎取るときはしっかりと取る

　これを繰り返して、長期的にプラスに収束させるイメージとなる。「収束させる」とは、「プラスにさせる」などの思惑を持つのではなく、ルールに従って入るところは入り、利確すべきところでは利益を確定し、損切りすべきところでは損を確定するなど、決まったことを繰り返すことによって、結果、「プラスになった」ということを意味する。

図2－4

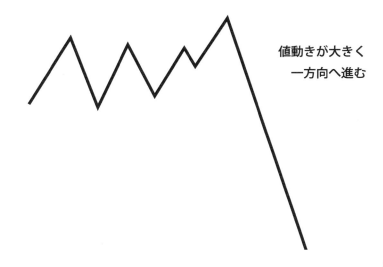

いずれもルール通りにトレードしなければならない。「プラスに持っていこう」ということでもなく、「プラスにさせる」というわけでもない。やるべきことをきっちりやって、結果的にプラスに近づいていく姿が正しいのである。
　先の前提としたチャートを描き出すと図2-5のような感じになる。これに「トレード時間の限定」を加えると、次ページの図2-6のようになる。

図2-5

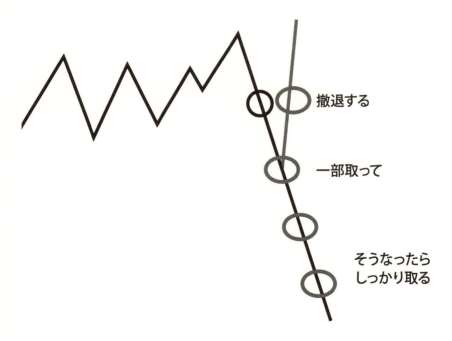

「こんな大雑把なイメージで描いたチャートの通りになるはずがない」と、あなたは思うだろう。もちろん、その通りで、この通りに動くことばかりではない。ここで大事なのは「図2-6になったときに、どう立ち回っていたか？」である。「そうなったときに、どこを取りにいくか？」を考えるのである。当手法では、図2-7の丸印から取りにいくイメージとなる。

　そうならなかったときは、そうならなかった場合に必要なこと、つまり損切りを行うだけである。これを取りにいくために必要な損は受け入れたらよいのだ。

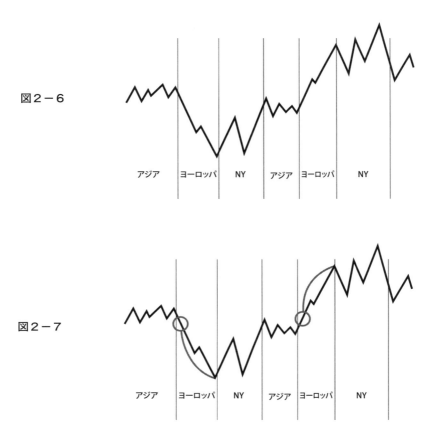

図2-6

図2-7

第2節
ラインを使う理由

1） エントリーの判断材料にする

　当手法はラインを使用する。チャート上に線を引っ張るだけだが、以下の理由からラインを引くことにしている。なお、ラインの引き方など、技術的なことは後述する。

◎仕掛けが来たか否かを判断しやすくするため
◎（仕掛けが来て）エントリーする箇所を知るため

　要するに、「一方向へ進む」＝仕掛けが始まったとして、「どこで入るか？」の判断材料として、ラインを使用しているのである。
　図2-8を見てほしい。上の図にはラインを引いていない。このままでは、どこで入るべきか、見当をつけにくい。
　一方、下の図はどうだろうか。高値と高値、安値と安値を結ぶラインがある。このラインを付け加えたことで、値動きが把握しやすくなったのではないかと思う。ラインに注目しているだけで変化に気づきやすくなる。ラインをブレイクすれば、それまでの動きとちがう様相を見せたと判断できるし、ブレイクしなければ、それまでの動きが継続されそうだとわかる。
　また、当手法のように、ラインをエントリーの根拠にしている場合、

図2-8

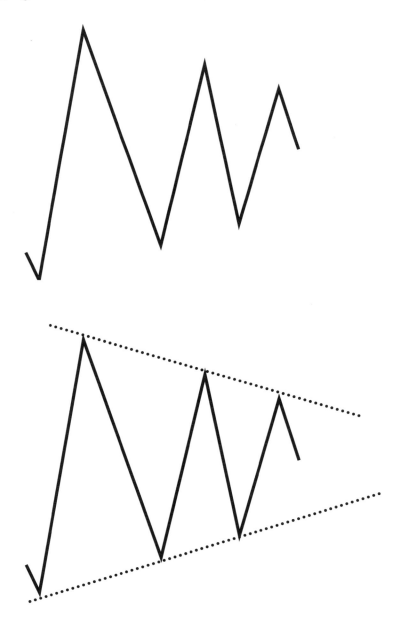

「どこが仕掛けのポイントになるか」が見えやすくなる。ラインを1本引くだけでも、このように大事なことがわかるのである。

2）他人の損切りが見えやすい

　チャートが図2-9のような値動きをしたとする。
　このチャートの動きはすでに確定したものなので間違いない事実であることはわかるだろう。グレーの矢印の位置で誰かが売って、黒色の矢印の位置で誰かが買ったために結果的にこのような動きとなった。

図2-9

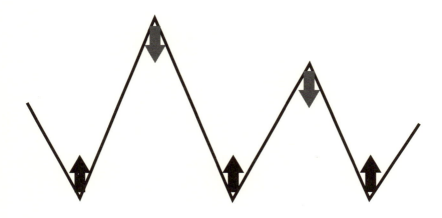

このチャートの動きと違う予想をしていようが、そんなことは関係ない。この動きは現実に起こり、その動きの中には参加者の思惑・本音が現れている。この跳ね返された事実と事実（山と山、谷と谷）を結ぶ。すると、図2－10になる。

　このラインの中をバウンドしながら右（未来）に進んでいるように見える。上がると天井（上のライン）にぶつかり跳ね返され、下がると底（下のライン）にぶつかり跳ね返される。これから作られるチャートの動きにこれが影響する。

図2－10

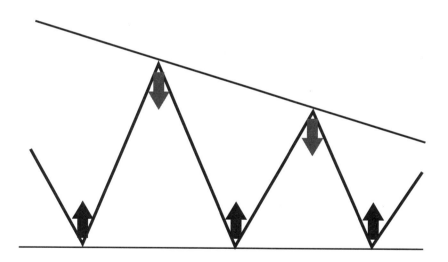

ここで、"あること"に気づく人がいるかもしれない。「跳ね返す動きをすることがわかっているならば、天井まで上がって来たときにはその手前で売りを入れ、底まで下がってきたときにはその手前で買いを入れればよいのではないか？」と。

　事実、そういった戦略もあるだろう。だが、当手法ではそれを使用しない。当手法では先にも書いたとおり「一方向への動き・仕掛け」だけを狙っているからだ。

　さて、跳ね返りながら進んでいくということは、（チャートは）上がったり下がったりを繰り返しながら進んでいくということでもある。

　上がったり下がったりを繰り返しているため、相場初心者は安易に下がってきたからと言っては買い、上がってきたからと言っては売りを入れたがる。そういうポジションを作ってきた人たちを、マーケットは、突如、轢き殺しに来る（図2－11）。

　このとき、ある者は反射的にそのポジションを損切りする。ある者は戻ってくることを期待してなかなか切れず、反応が遅れる。だが、膨らみ続ける含み損に耐えかねて、最後には前者より遅れて損切りをする。

　また、ある者は損を確定させないと決め、ずっと逆に進むチャートを不安そうに眺めている。その結果、やがて大きく離れたところで間違いを認めざるを得ない者もいれば、強制的にロスカットされる者も出てくる。

　買いポジションを決済するということは、売りポジションを決済分だけ入れたということでもある。同様に、売りポジションを決済すると、それは買いポジションを決済分だけ入れたことになる。ここで大事なのは、彼らの損切りは一方向へさらに進めるためのエネルギーとなることだ。

　FX業者から配信されるニュースなどで「一時的に大きく上がった（下がった）」と報じられることがある。その原因について、さまざ

図2−11

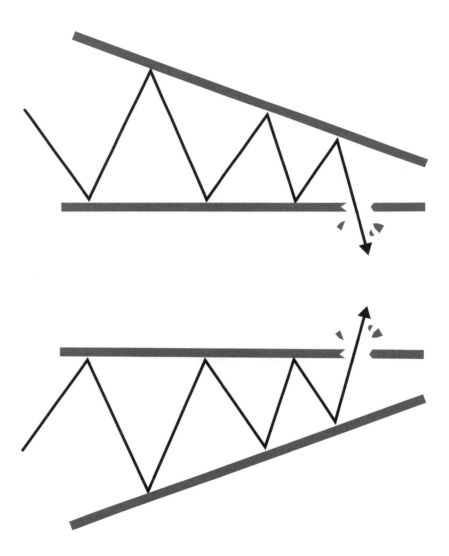

図2－12

まな理由がつけられているが、どうしても明確な理由をつけられないときもある。そういう場合は、「ストップロスを巻きこんで上がった（下がった）」などと報じられる。

　ファンダメンタルズ的な理由があったとしても、ある方向へ動いたのとは逆のポジションを保有している人たちは必ずいるのだ。この人たちの決済がエネルギーになっている。あなたの思惑通りの値動きになっているとき、その陰には、不本意にも撤退させられている人たちがいることを忘れてはならない。「その人たちが可哀想だ」と同情を誘うために、この話を持ち出しているのではない。相場は弱肉強食の世界である。だからこそ、我々は、一部の人たちに不本意な決済をさせ、それをエネルギーとして利用しなければならないのだ。このことを忘れないでほしい。

　あるポジションを持ち、思惑通りに動いたときは、逆のポジションを保有している人たちのことを考えるといい。あなたには、「元に戻ってほしい」と願っている人たちの姿が見えないだろうか？　そいつらの思いを叶えさせてはいけない。もっともっと一方向へ動かして、我慢している人たちを振り落としてやろうではないか。「もうこれ以上は耐えられない」という者たちを増やし、そういう者たちにトドメを刺してやろうではないか。

　実際、読者の中には、こんな嫌な思いをさせられた人たちもいるだろう。今度こそは、自分がその立場にならないようになればよい。

第3節
時間限定について

　当手法は、くどいようだが、一方向に動くときを狙っている。つまり動いたとしても、すぐに戻ってくるようなときにはエントリーしないということになる。

　例えば、ある者がトレードにより利益を上げようとしているとする。その者は多くのお金持ちから資金を預かり、その莫大な資金を使い、お金を増やそうとする。そこで、自身のルールに従って、ショートのポジションを作ってお金をマーケットに流したとする。当然、それだけの値動きが生じる（図2－13）。

　ところが、その人がお金を流したことにより、同じくショートのポジションを持っていた人が利食いの決済を入れ、元に戻ったとする。これでは利益が出ない（図2－14）。

　そこで、彼は考える。自分が売ったなら、そのときに他の参加者たちにも売ってほしい（付いてきてほしい）。自分が買ったなら、そのときに他の参加者たちにも買ってほしいと。しかし、絶えず開いているマーケットの中で、同じタイミングで、他の参加者たちにも同じ取引をしてもらいたいなんて現実的に無理だろうか？

　答えを先に言うと、それは不可能ではない。理屈としては「大きく一方向に動かすことによって不本意な損切りを誘う」のである。

図2−13

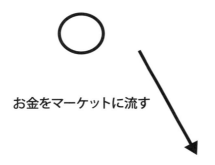

図2−14

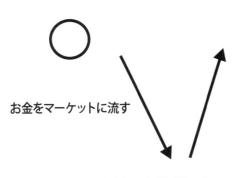

図2−15

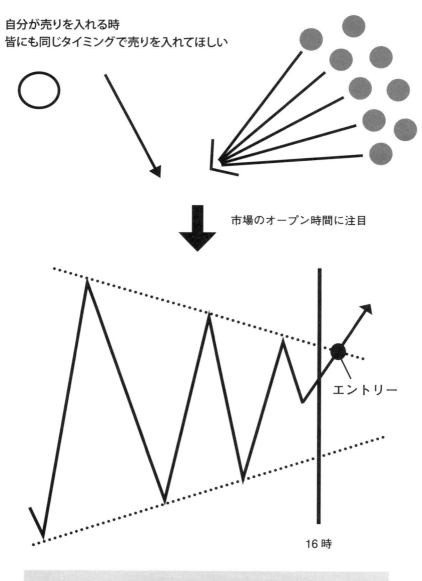

16 時以降のラインブレイクを狙う

損切りをする者の目線で見ると、逆に動かされることでポジションをクローズさせられることとなる。仮に「買い」ポジションを持っていた場合には、思惑とは逆に下がったとすれば、いずれは損に耐えられなくなりポジションを損切りすることになる。
　この損切りとは、買いポジションのクローズ＝つまりポジション分と同じだけの「売り」をすることになる。
　一方向へ動いているときには、当然、不本意ながらポジションをクローズさせられる参加者が多くなることは言うまでもない。

　そこで、取引量が多く動きやすい時間に注目したい。東京時間は、その特性として、一方向に動くというよりも、どちらかというとレンジになりやすい。
　ニューヨーク時間は、確かに取引量は増えるが、値動きにクセがあり、場が荒らされるので少々やりにくい。
　一方、ロンドン時間はどうかというと、取引量も大きく、その後にトレンドを築きやすい。

　話をまとめよう。以上の理由から、私はロンドン時間のオープンに注目している。一気に動けば、チャートを見ている人たちは心理的に取引チャンスを感じ、チャートに張り付き、トレードに集中する。そして、思惑とは反対に動いた人たちは、一斉に撤退しはじめる。彼らの損切りがエネルギーとなる瞬間だ（図2－15）。

第4節
監視する通貨ペア、トレードする通貨ペアについて

　当手法では、ユーロドルとドル円の2通貨ペアのみとしている。理由は、先でも少し触れたように、この2通貨ペアの取引量が圧倒的に多いためである。取引量が多い＝テクニカルが通用しやすいかどうかを証明しやすいという点も、他通貨ペアより好む理由だ。

　その他で監視している主な通貨ペアはポンドドルとユーロ円である。ただ、これらの通貨は参考までに見ているだけで、実際にトレードをするわけではない。

　トレードしないが表示させている理由は、通貨の強弱を見たいためである。ドル（USD）、円（JPY）、ユーロ（EUR）、ポンド（GBP）。大体はこの4通貨のペアの強弱が把握されていればよい。例えば、大きな値動きがあったときに「どの通貨が買われているのか（売られているのか）」がわかる程度でよい。

　例えば、ドルを買う強い動きがあったとする。この場合、当手法ではユーロドルとドル円を取引するため、EUR/USDで先に売りのサインが起こり、売りを入れることになる。USD/JPYは逆相関の動きとなるため、USD/JPYでは買いのサインが起こる場合が多い。

　ラインを基準にしているので、ラインのブレイクでエントリーのサインとなる。さらに、特定通貨の強弱を加えて判断することによって、いっそう入りやすくなる。

図2−16

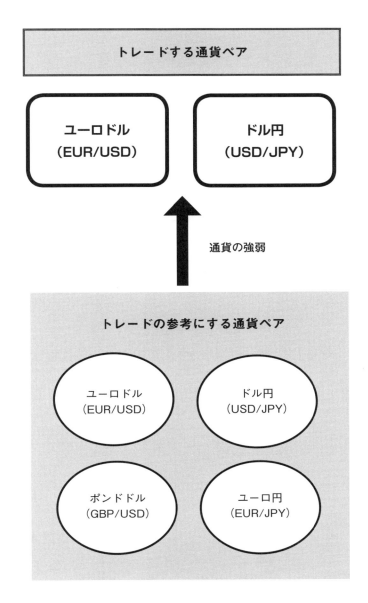

第5節
エントリーパターンについて

ここまでの話を簡単に振り返ると、以下のようになる。

◎**ラインを仕掛けの判断基準に採用している**
◎**一方向に動くときを狙う**
◎ **16時（ロンドン時間）以降19時までにエントリーを限定している**
◎**実際にトレードする通貨ペアはユーロドルとドル円**

　ラインを使用したトレード方法はいろいろあるが、当手法では、ラインをブレイクしたことを確認したときにブレイクした方向へポジションを取る、俗に言う**ラインブレイク**を基本にしている（次ページ参照）。

　ただ、本節で紹介するブレイクのパターンは、あくまでも「基本」であって、エントリーパターンはほかにもある。その話については後述するので、ここでは、まず基本パターンを覚えてほしい。

　仕掛けたあと、必ず一方向へ進むかどうか、それは当然、わからない。そうなるという前提でエントリーをするだけである。もしも、一方向へ進まなかった場合は損切りをする。うまくいきそうでない場合、早く上手に転ぶのだ。傷が浅ければ何度でもチャレンジできる。そして、うまくいったときに大きくしっかりと取るのである。こういうことを繰り返していき、結果的にプラスにするのが私（我々）の仕事である。

図2－17

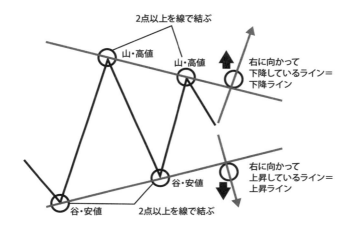

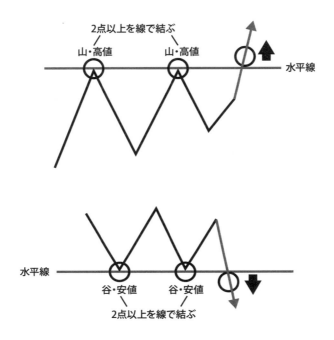

第6節
ラインを引くときの技術的な話

　ひと通り、知識として必要な話は終わったので、ここからは、もっと実戦的な話をしていく。まずは、ラインの引き方から始めよう。

1）事実を見てラインを引く

　私は、引くべきラインは必ず引くようにしている。それは、トレードのために用意しなければならないものである。無理にでも引くのでなく、結果的にそこにラインが引けてしまうと考えたほうがいい。要するに、自分に都合の良いラインは引かないということだ。

　例えば図2－18のように谷があるとする。その谷同士を結ぶとラインが引ける。これは引きたくて引いているのではない。ここにラインが存在していることを見つけ出しただけである。結果的に、自分の意思と関係なく引かなければならなかったのだ。

　また、これは自分のトレードを制限するフィルターともなる。図2－19を見てほしい。

　ラインブレイクをエントリー根拠としているのであれば、ラインを抜けたとき（図の矢印）に売りを入れなければならない。それは、逆を言えば、ラインを抜けるまでは勝手な思惑でトレードできないということでもある。例えば、ラインを抜ける前に「下に抜けると思うから、今のうちに売りを入れておこう」は予想となることを理解してほ

図2－18

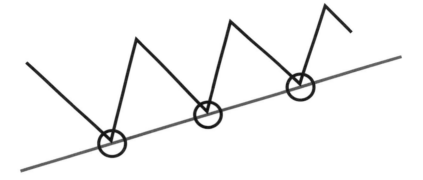

図2－19

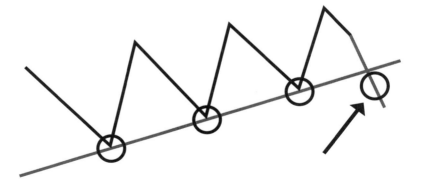

しい。

　抜けたという事実に基づいて売らなければならないルールであれば、「下げた＝抜けた」という事実でエントリーとなる。「抜けたことがエントリー根拠となるルール」ならば、自分の思惑は関係なく、その事実（＝抜けたこと）でトレードをしなければならないのである。

　これが、ルールにより自分を縛ることである。繰り返しになるが、その重要性を強調したい。

２）角度が急すぎるライン、緩やかすぎるラインについて

　当手法では、無理な角度のラインを引かない（図２－20）。例えば、角度が急すぎるのは良くない。横に少し動いただけでラインをブレイクしてしまうからだ（図２－21）。

　逆に、角度が緩すぎるラインも良くない。高値同士、安値同士が揃っている場合は水平線として意識されていることもある（図２－22）。

図２－20

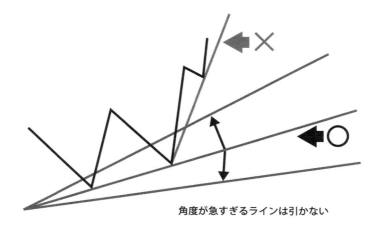

角度が急すぎるラインは引かない

図2－21

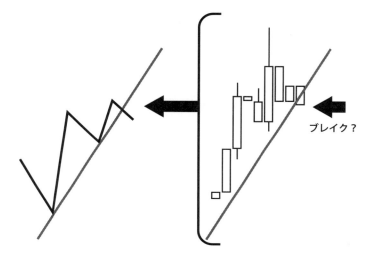

角度が急だと少し横に進んだだけでラインをブレイクしてしまう

図2－22

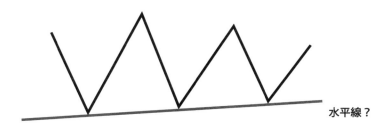

角度が緩すぎると、水平線として意識されることもある

3）ヒゲと週明けの窓について

　ラインを引くときに迷うのがヒゲの存在だ。当手法では、ヒゲも意識する。ヒゲとは参加者の取引により実際に形成されたものであり、足跡＝ヒントといえるからだ。実際に起こった事実である以上、ヒゲも含めてラインを引くことになる（図2－23）。

　ただし、重要指標の一時的なヒゲは含めない。これは使っている業者のスプレッドがバラバラになることで、各業者のチャート表示もバラバラになるためだ。

　重要指標の一時的なヒゲまで含めてしまうと、参加者たちの引いているラインはバラバラになってしまう。したがって、重要指標の一時的なヒゲについては、無視してラインを引くようにしたい。

図2－23

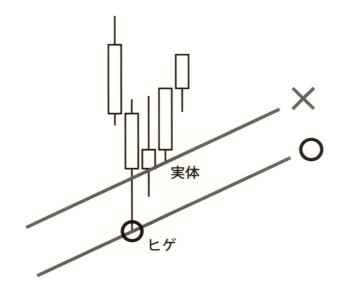

週明けの窓についても同様である。図2－24のように、仮に窓開けのところが安値となった場合、これは結ばず、無視してラインを引くようにする。なぜかというと、FX会社によって取引可能な時間が異なる（会社によって異なったチャート表示になってしまう）からである。

図2－24

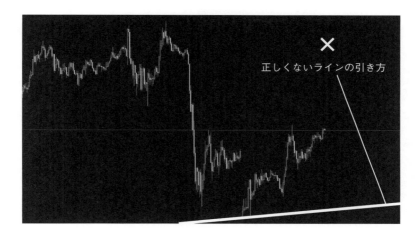

正しくないラインの引き方

正しいラインの引き方

4）はっきりした山と山、谷と谷を結ぶ

　はっきりと上がって下がった山同士、はっきりと下がって上がった谷同士を結ぶ。これがラインを引くときの鉄則である（図2－25）。
　図2－26のように、はっきり形成されてない山と山同士、谷と谷同士は結ばないようにする。この例の場合、Bのラインははっきりと形成された谷ではないところから結んでいる。Aは、はっきりと形成された谷同士を結べているが、角度が急すぎる。このケースでは、AとBどちらを採用すべきか？　どちらも条件を満たしていないので、どちらも採用しないのが正解である。

5）どの時間軸からラインを引くのか

　どの時間足でラインを引くか？　当手法は16時から数時間の短期トレードがメインとなる。長くてもNYのオープンまでにはそのほとんどを決済している。もちろん、メインである以上、それのみではない。このことについては後で説明する。原則、エントリー時間（16時～19時）に仕掛けが起こった場合についていく。その判断をラインで行う。
　ただ、ラインは無理に引くものでなく引けるものである。だから、基準となるラインが引けないこともあるのだ。そのことを頭に入れて準備＝ラインを引いていこう

　私は、まず、日足→4時間足→1時間足の順番でラインを引き、中期的な値動きを見ることにしている。ただし、日足から1時間足にかけてのラインは短期トレードで敏感に反応するかは微妙であることから、使用することはない。しかし、ラインを引く必要はある（その理由は第4章で説明）。

図2−25

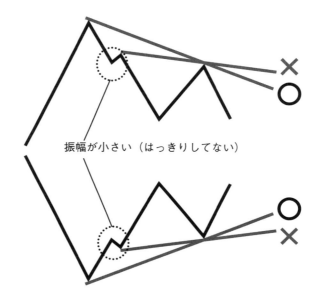

振幅が小さい（はっきりしてない）

図2−26

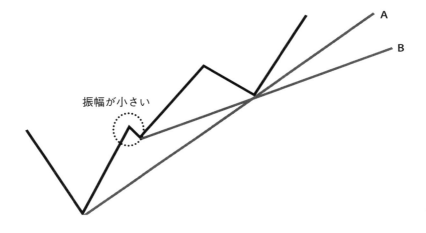

振幅が小さい

その後、30分足→15分足→5分足の順番でチャートを見て、引くべきラインがあれば引いて準備をする。この30分足から5分足にかけて引いたラインを"仕掛けと判断するライン"として使用する。

　このとき、「はっきりと形成された山と山、谷と谷を結んでラインを引っ張る必要があること」については言うまでもない。例えば、30分足で確認できる山を始点としてはっきり「山だ」と確認できる場所をラインで結ぶのが望ましい。

　仮に、30分足で山になっていなくても、5分足で確認できる山を始点として結ぶのであれば、5分足レベルではっきりと山になっていれば問題ない。要するに、エントリーに使う時間軸の中ではっきりとした山同士、谷同士を結ぶようにする。このように準備をしていきながら、最終的に5分足でトレードをする。

　ラインを引くとき、ひとつ、注意してほしいことがある。モニター（チャートのウインドウ）の大きさによっては、図2－28のように表示されるチャートの姿が違って見えてしまうことがある。

　その問題を回避するためにも、ＭＴ４で新規チャートを開いてローソク足の表示にし、ひとつだけ拡大して右を空け、20インチくらいのモニターの縦横一杯に広げてほしいのだ。私は、この程度のサイズで話をしている。つまり、ここで書いている内容は、これくらいのチャート画面が開いていることを前提にしている。

図2－27

必要があればそれ以上も

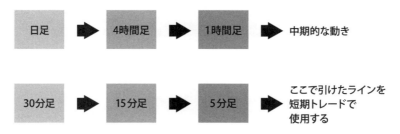

図2－28

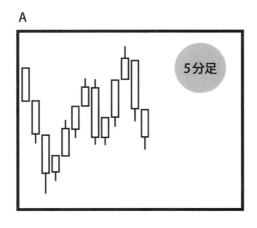

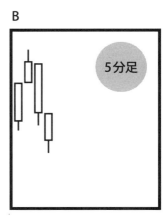

第7節
実際のトレードのエントリー手順

　本節では今までの話のまとめ的な意味も含めて、実際のエントリー手順を紹介する。

●

ステップ1：通貨を決める

　先述した通り、トレードする通貨はユーロドル（EUR/USD）とドル円（USD/JPY）のみである。その他の通貨（ユーロ円やポンドドルなど）は、力関係（通貨の強弱）を知るために、参考にする程度である。

ステップ2：トレード可能な時間が来るまで待つ

　当手法では、ダマシなどに遭うことなく、一方向に動きが出るまで待つことに意味がある。したがって、勢いが出てくる「16時」を過ぎるまでは、原則、エントリーをしてはいけない（図2-29）。
　ただ、例外もある。エントリー時間に関して「原則16時～19時」と書いたが、準備しているラインをほんの少し早い時間に勢い良くブ

図2－29

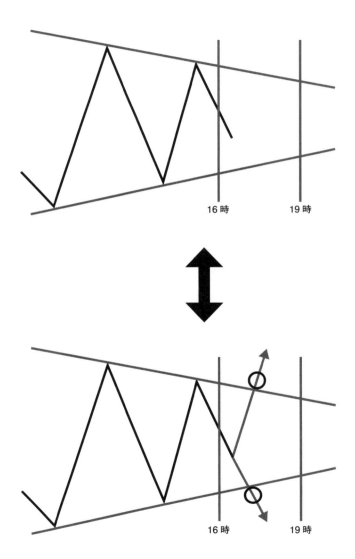

89

レイクすることがあるからだ。そう、少しだけ早く仕掛けが来たのである。

このケースでは、例外として、エントリーすることはある。早い仕掛けでもそのまま一方向へ行ってしまうことがあるからだ。したがって、10分程度の誤差であれば早く入るのはＯＫだ（※厳密には、20～30分前となると早すぎるため見送ってよいが、10分前程度までなら場合によっては入ってよい）。

なお、19時以降は完全に入らなくてよい。

ステップ３：根拠に従ってエントリーする

当手法は「16時以降のラインブレイク（※厳密には、16時～19時の間に発生したラインブレイク）」がエントリーの根拠となる。したがって、ラインを超えたとき（割ったとき）には、ルール上、エントリーしないといけない（図２−30）。

ただし、この話には、他にも押さえておくべきパターンがある。具体的には、ラインブレイク後、勢いが続かずにラインまで戻ってきて、再度、反発したときである。

図２−31を見てほしい。本来、ラインをブレイクしているＡがエントリーポイントであるが、時間の条件（エントリー可能な時間でのブレイクではなかったなど）もあってＡでは入れなかったとき、戻してラインにタッチした後、反発を確認してからエントリーしても、それは"あり"である（Ｂのポイント）。両方とも時間内であれば、ＡでエントリーＩ、Ｂで追加なども可能だ。

ただし、戻しが大きい場合の反発時のエントリーは×となる。戻しとは、Ａの下げに対するＢの幅である（図２−31の下図）。上の図では方向が出ているように見えるが、下の図ではそう見えない。当手法

図2−30

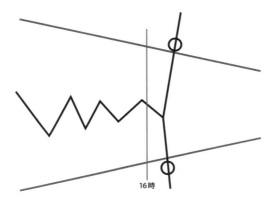

図2−31

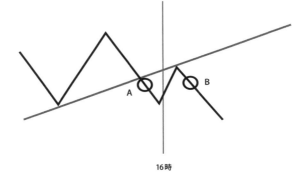

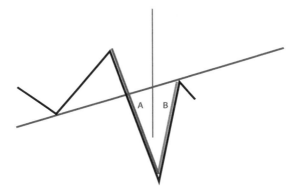

では一方向への動きを前提としているため上の図の場合、反発で入ることは〇だが、下の図の場合は×となる。

　なお、反発したかどうかの判断は、ローソク足で見ると下に抜けた場合は上昇ラインタッチから長めの陰線確定時、上に抜けた場合は下降ラインタッチから長めの陽線確定時としている（図２－32）。

図２－32

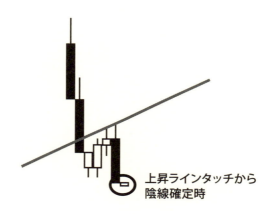

さて、今までは、ラインが引けたときの話をしてきた。ラインが引けなかったときはどうするか？

トレード前に必要なラインを引いて準備するのだが、引けない場合も当然ある。そのときのことについて説明しておこう。まずは、図2－33を見てほしい。

Aの場合、上昇ラインは引けているため、16時以降、下へ仕掛けるなら、そう判断するエントリー基準があるが、上への仕掛けが起こった場合の基準がない。

Bの場合、下降ラインは引けているため、16時以降、上へ仕掛けるなら、そう判断するエントリー基準があるが、下への仕掛けが起こった場合の基準がない。

図2－33

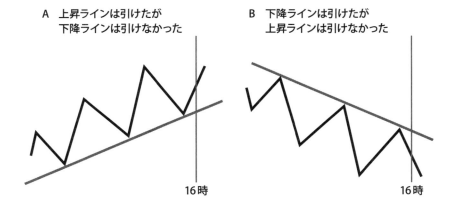

図2−33は一方の基準がないケースだが、図2−34のように、両方の基準がないこともある。
　では、そういうときには仕掛けが起こらないかと言うと、そんなことは関係なく起こる（図2−35）。

図2−34

C　上昇ラインも下降ラインも
　　どちらも引けなかった

16時

図2−35

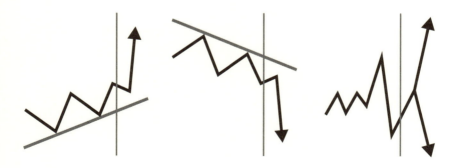

こんな場合でも仕掛けについていきたいが、これまで説明してきたラインを基準としたトレードはできない。その場合は「勢い」を基準としたエントリーでもよい（図2－36）。
　これまでの動きと明らかに異なる強い動きや、仕掛けとなるような一方向への動きを確認する。あいまいな説明に見えるが、当手法に沿って、この時間帯に集中して動きを見ていると、どんな動きが「仕掛け」なのかが、わかってくると思う。

図2－36

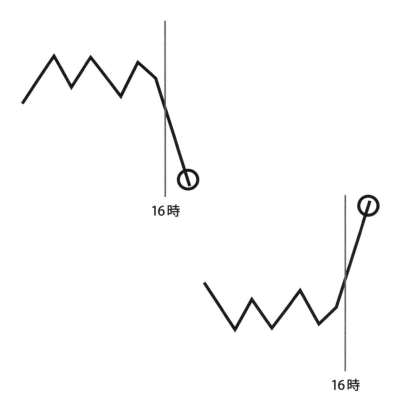

話をまとめよう。当手法のエントリー根拠は以下の通りである。

①ラインブレイク

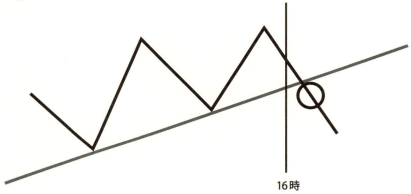

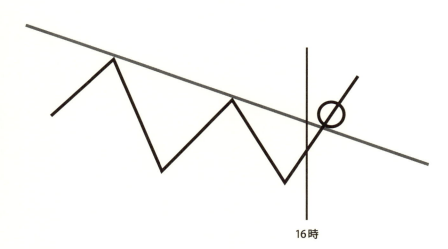

②ラインでの反発

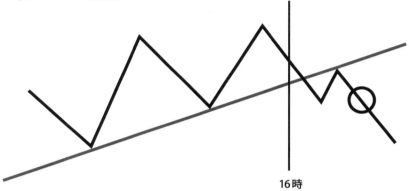

16時

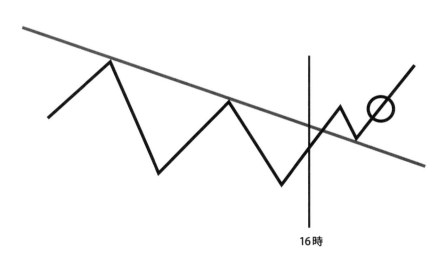

16時

③勢い（基準がなかった場合）

16時

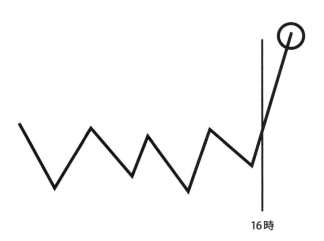

16時

第3章

私が「発見」した、「証明」済みの手法からヒントを見る

～ 出口編 ～

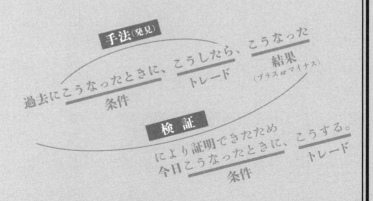

第1節
損切りについて

　当手法はブレイクが基本であり、ライン内に戻したところで損切りと設定している。これを基準に損切りをした場合、大体は結果的に10pips以内での終了となることが多い。ボラティリティの強弱で少しずれることもあるとは思うが、リスク管理の観点から言うと、上限を広げないようにすることをお勧めする。例えば、123.456でエントリーした場合、買いエントリーなら123.356以内、売りエントリーなら123.556以内で損切りを行うことが望ましい。

123.556 以内　売りの場合の損切りの基準

123.456 でエントリーした場合

123.356 以内　買いの場合の損切りの基準

　反発根拠でエントリーする場合も、ラインが機能していることで入っているため、そのラインを反発せずに内側に戻したところで撤退

◆図3-1

①買いエントリー後の損切りイメージ

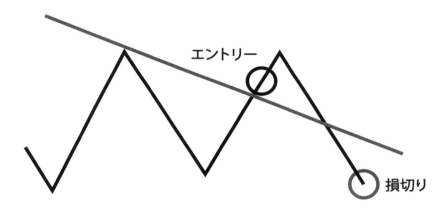

②売りエントリー後の損切りイメージ

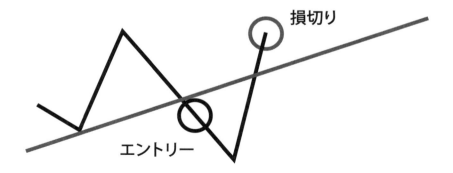

買いエントリーでも、売りエントリーでも、損切りはエントリーした箇所から10pips以内に設定する

となる。

　勢いを根拠にエントリーする場合、裁量での判断が求められるが、これもライントレードと同じくらいの幅で損切りするのが理想となる。

　ブレイク時は、ローソク足形成中にエントリーするため、図3-2のBのようになることがある。この場合は、ライン内側に戻したことを根拠に損切りする必要はない。そもそも、値動きが激しくなる位置でタイミングを図って入るため、そのローソク足自体での上下は多少ある。したがって、この場合はラインを根拠にするのでなく裁量的な損切りに切り替えて考えてよい。

　ローソク足の形成中の上下など、ラインをまたいで往復する細かい部分に敏感に反応する必要はないが、ラインの外（買いであればラインの上、売りであればラインの下）にローソクを確定させた場合、その後の動きでラインの内側に戻してきたときには、自分が基準としたラインで反発しなかったことを根拠に撤退をする。

◆図3-2

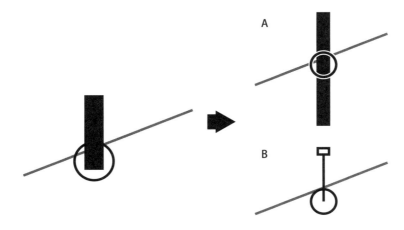

第2節
利食いについて

　本節からは、利食いについて解説する。

　利食いを行うということは、思惑通りの方向へ進んでくれていることでもある。

　「利益を確定させる」ということの裏側には「ここが天井（底）かもしれない」という思いがある。いずれのトレーダーも、「これ以上は進まない可能性」、つまり反発する可能性を考えてそこで利益を確定しているのである。反発することなく、さらに進むのであれば、そこで利食いすることは得策でないからだ。

　反発する位置が完全にわかるならば、そこで全決済することが最良の選択になる。最も多くの利益を出せるからだ。利食いをした後で、思惑方向にさらに伸びていく様子を見て「あそこで決済しなければ良かった」と、後悔することもなくなるであろう。

　だが、そんなことを正確に当て続けることなどできない。だからこそ、参加者たちにとって「何を目標として利益を確定するか」が大事になる。そう、それぞれのトレーダーにとっての戦略に沿ったものであれば、それでよいのである。

　当手法では、エントリーできるのは原則 16 時～ 19 時、利益確定の決済ができるのは原則 16 時～ 21 時 30 分頃（サマータイム以外は 22 時 30 分）である。なお、利益確定は一括で行わず、分割で決済すること

を先に言っておく。

　当手法はこの短い時間でのトレード＝短期トレードがメインである。先の損切りで説明した損切り幅のリスク分を考慮して、早すぎる利食いになってしまわないよう「10pips 以上」でないと利食いは開始できない。

123.556 以上　買いの場合の利食いの基準

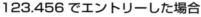

123.456 でエントリーした場合

123.356 以下　売りの場合の利食いの基準

　当手法は欧州からの仕掛けでエントリーをして、「一方向へ進んでいく」という前提で利食いを行っていく。そうなると決めつけてトレードするのではない。一方向に進んだときに結果的にしっかり取れているような利食いを行うのである。パターンはいくつかある。

　図3－3は、前提の通り、一方向へ進んだパターンである。この場合は、言うまでもなく、しっかり利益を確保していく。

　図3－4は、途中で進まなくなったパターンである。この場合は、進んでいるときは必要箇所（利食いの根拠がある箇所）で利食いをし、進まなくなってからも、進まなくなったことを確認しながら利食いをしていく。

　図3－5は、当初は前進したが途中から戻して来たパターンである。この場合は、必要箇所で少しだけ利食いをして逃げる。

◆図3−3

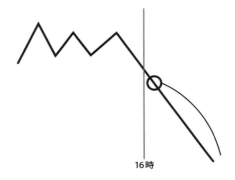

16時

◆図3−4

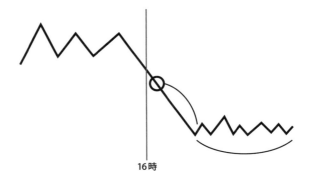

16時

◆図3−5

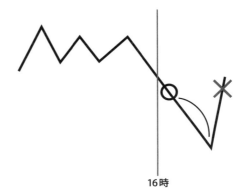

16時

第3節
主な利食いポイントについて

　当手法においては、「どこでエントリーする」という基準ははっきりしているが、「どこまで伸びるかについてはわからない」という前提で利食いを行う（図3-6）。

　その中で「反発するかもしれない」というポイントを目標に必要な利食いを行っていく。

　また、1回ですべての決済を行うのでなく、分割して利食いを行う方式を採用している。分割での利食いを採用すると、ルールの固定に対して、より複雑になる部分はある。だが、より合理的に利食いを行うために、やむを得ないと判断して採用している。

　それでは、当手法において反発するかもしれないポイントとして採用している基準を挙げていく。主な利食いのポイントは、具体的には以下になる。

（1）高値・安値付近
（2）ライン手前
（3）フィボナッチ・リトレースメントの38.2%・50.0%・61.8%付近
（4）トリプルゼロ付近

　それぞれ説明していこう。

◆図3-6

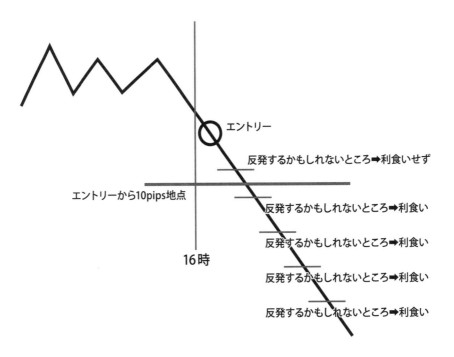

1）高値・安値付近

なぜそこ（高値・安値）まで上がって下がった（下がって上がった）かはさておき、そこで跳ね返した事実がある以上、注目すべきである。なぜなら「上がって下がった（下がって上がった）」ということは、誰かにとっての絶好の売り場、買い場であったということを示しているからである。再び、そこまで上がってきた（下がってきた）ときに、また誰かが同様のアクションを起こす（＝反発させる）かもしれない。

◆図３－７

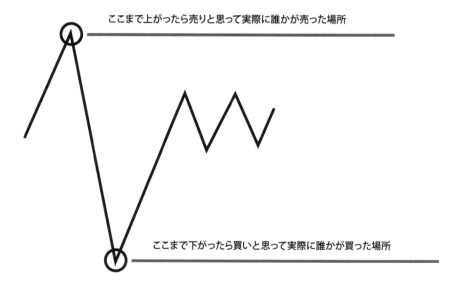

2）ラインの手前

すでに何度も説明しているように、ラインに対して反発・ブレイクなどのアクションを起こしながらチャートは進んでいる。図3-8の上の図のような力がかかっていると考えてもらいたい。

これを当手法に当てはめ、必要なラインを準備段階で引く。すると、複数本引ける場合がある（図3-8の下の図）。

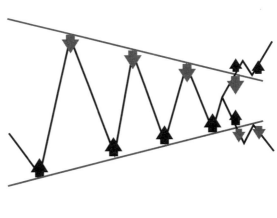

◆図3-8

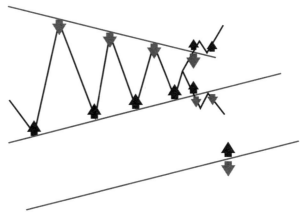

※黒矢印は買い圧力、グレー矢印は売り圧力

図3-9を見てほしい。16時以降に基準となるライン手前では上への力が加わるが、その力に逆らってラインをブレイクした場合にはエントリーポイントとなる。

　エントリーからしばらく進むと、またラインが見えてきた。この手前では、また上への力が加わるが、抜けたときにはその力がひっくり返る。したがって、このラインの手前は反対の力が加わる＝反発するかもしれない場所となる。このように、ラインの「手前」が利食いポイントとなり、それを抜けたところはエントリー（追加）ポイントとなる。つまり、ラインの「付近」でなくラインの「手前」が利食いポイントとなる。この区別をつけたい。

◆図3-9

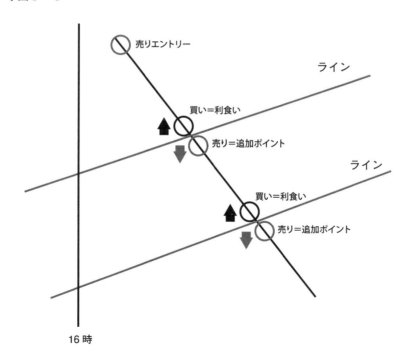

3）フィボナッチ・リトレースメントの38.2%・50.0%・61.8%付近

　短期トレードで使用するラインは短期（5分足〜30分足）で引いたラインと書いたが、フィボナッチ・リトレースメント（以降、フィボ）に関してはその限りではない。

　例えば、1時間足で確認できるひとつの上昇があり、その幅を100%としてフィボを引く（図3－10の上図）。これを5分足にしてトレードをするわけだが、この5分足の中で上へ抜ければ買い、下へ抜ければ売りとなる（図3－10の下図）。

◆図3－10

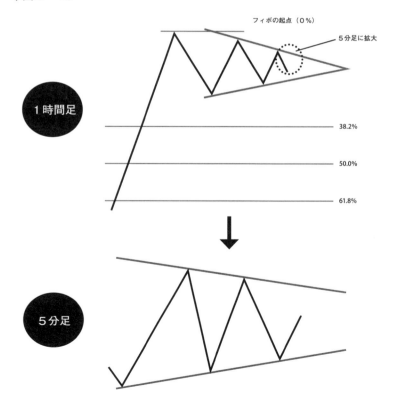

下への仕掛けで売りを入れた場合は、思惑通りに下がっていくと38.2％→50.0％→61.8％という順になる。そこで、その都度、その付近で利食いをするのである（図3－11）。

◆図3－11

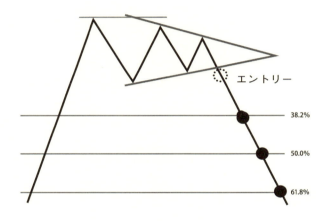

38.2％で利食い、50.0％で利食い、61.8％で利食いというように、思惑通りに進行するたびに段階的に利益を確保していく

チャートとは、一方向に上がっていったり、下がっていくように見えても、進んだり戻ったりを繰り返しながら、ジグザグに進行していく。その際の戻しの幅を測るツールがフィボナッチ・リトレースメントである（図3－12）。

一方的な売りや買いという値動きを見せた後に反転したら、その分の上げ・下げを100％として、そこから戻す幅は38.2％、もしくは50.0％、もしくは61.8％になるという考えを表している。

例えば、100％の幅の一方的な買いがあったとして、その買いが落ち着いた後には38.2％、50.0％、61.8％程度の戻しの売りが入るというのが相場なのである。その特性を生かし、戻し位置＝反転するかもしれない位置を見定めて利食いを行う。

◆図3－12

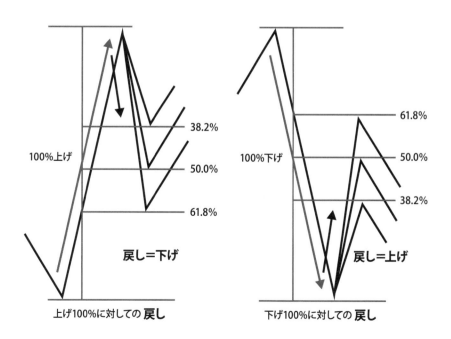

4）トリプルゼロ付近

　トリプルゼロとは111.000や1.11000などの下3桁が「000」になる値のことを言う。

　トレーダーの会話では、よく「○○円までは行く」「○○円は超えない」などといった話題が上がる。トレードとは関係ないところすら、こういう会話を聞くこともある。

　2008年以降であれば、「ドル円が100円を下回った」ことがニュースなどで大騒ぎになった。一方、2012年以降は、「ドル円が100円を上回った」ことで大騒ぎになった。一般レベルでも、為替の大きな節目には興味を持っているのだ。

　これらに共通していることは、切りのよいトリプルゼロであり、そこを基準に議論が起こっているということだ。

　さて、2008年を例に100.000を目指して下落していったときに皆は何を思っただろうか？　これまでは上のほうで買っていた。だから「こんなに安くなってくれた。100円まで落ちたし、それより下へは行かないだろうから、ここで買いを入れたい」など、買いのチャンスだと思った参加者が多かったのだ（図3－13）。

◆図3－13

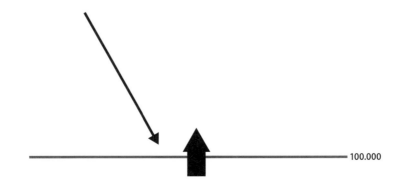

トリプルゼロと書いたが、0が増えれば増えるほどそれに比例して注目されると考えてよい。100.000 ＞ 110.000 ＞ 111.000。こういうことになる。

◆図3－14

　ところで、トリプルゼロ付近での参加者心理はどうなるだろう？売りたい人たちは上がって来るのを待っており、「000」まで上がって来たら売りを入れたいはずだ。
　一方、買いポジション保有の人たちは「000」まで上がったから決済＝売りをしようと思っている。こういう思惑が集まる場所になるのだ。事実、「000」＝トリプルゼロ付近で攻防が起きると考えている人はとても多い。

◆図3－15

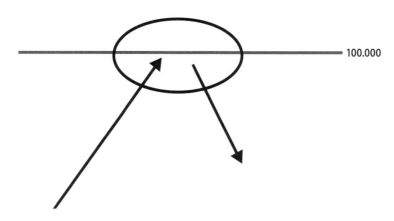

以上のことから、「トリプルゼロ付近は反発するかもしれない」として利食いを行う必要がある。
　なお、これも付近である。ここを意識した人たちが少しのズレもなく「000」でエントリーや決済の注文を入れているわけではない。注文の集中で少しズレることもよくある。この付近は難しい場所なのだ。その他、オプションの要因もあるが、複雑になるため本書では省く。

　利食いの話はまだ続くので、いったん、ここまでの話をまとめよう。利食い根拠は次のようになる。

---

1. 高値・安値付近
2. ライン手前
3. フィボ38.2%・50.0%・61.8%付近
4. トリプルゼロ付近

第4節
その他の利食いについて

　前節では「主な利食いポイント」について紹介した。利食いの話は奥深く、実は「主な利食いポイント」のほかにも、注目すべき箇所がある。
　本節では、その話を紹介していこう。

1）利食いポイントがない場合

　例えば、短期トレンドで高値、安値を更新し続けるような相場などでは116ページの「1〜3」までがなく、「4」のトリプルゼロまでは離れすぎていることがある。
　「10pips以上から利食いを開始できる」と先に書いたが　利食いの根拠がない場合には「pips」を見ながら上がるたび、下がるたびに利食いしていく必要がある。
　当手法を使って回数をこなしたり、検証したりすれば、良い利食いバランスが見えてくる。
　10pips以上の利になったら、動きを見ながら3pips〜5pips程度の間隔で利食いをしていくイメージである。割合については第4章でも詳しく解説していく。

2）前提が崩れたときの利食い

これは一方向に動くという前提の中、必要箇所（利食いの根拠がある箇所）で利食いする形でなく、前提と異なる動きをしたことによってポジションを逃がす形＝利食いとなる。当手法にて前提としているのは図3－16のような動きである。

◆図3－16

16時

16時〜19時の間に起こった仕掛けは、これまでの動きと異なる強い動きで一方向へ進んでいく。途中で戻すことなどもあるが、それも弱く、すぐにまた前進する。

　こういった動きを前提としてトレードしているため、図3－17のように途中で止まり、ずっと走らない状態は前提と異なるのである。

　ただ、「それがどこまで止まっているか？　どこでまた前進するか？」はトレード最中にはわからない。仮に、前進するのであれば、止まっていた時間は長かったが、結果的に前提通りとなる。

　したがって、この場合は、動かない間に、細かく利食いをしてポジションを軽くしていくことになる。再び前進し出すのであれば、残りのポジションで通常通りの利食いに切り替える。

◆図3－17

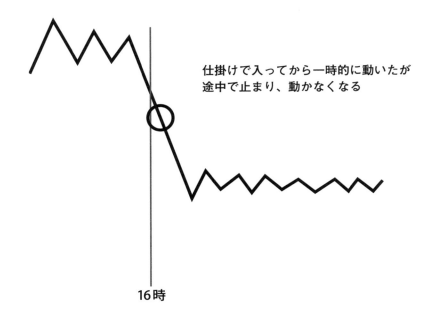

3）仕掛けと判断して入ったが一方向に動かず大きく戻してきた場合

　一方向に動くという前提で入ったが、前提と異なる動きをして大きく戻してきた場合、損切りポイントまで待たずに、エントリー位置で逃がすことになる。

◆図3－18

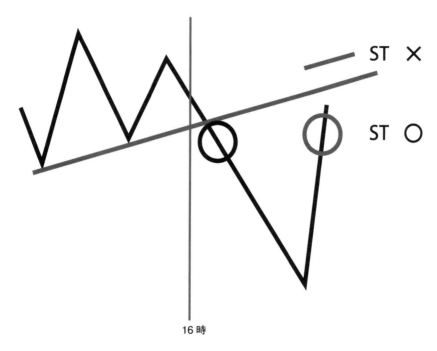

16時

※ STとはストップロスのこと

4）強い戻しのときは戻しの過程で逃がす

　途中で強い戻しがあったときには、その戻しの過程（下の図の点線円部分）でポジションを解消していき、最終的にエントリー建値ですべてを逃がす。

◆図3－19

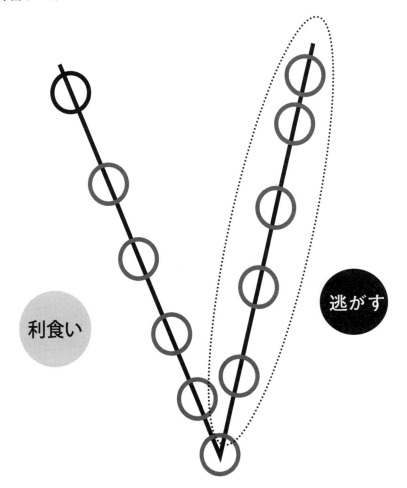

基本としては、ラインブレイクでエントリーした場合、ラインで反発せず、ライン内に戻したところで損切りするのだが（図3－20の上の図）、ラインブレイクでエントリー後、ある程度、一方向に動いてからはストップを建値にずらしてよい（図3－20の下の図）。

◆図3－20

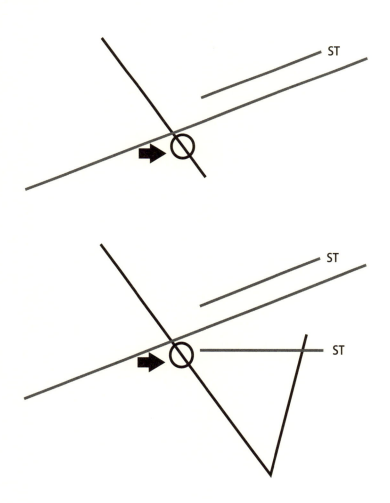

ある程度進んだ後に建値のストップで引っかかるということは、その進んだ分は戻していることになる。

　図3－21のAとBは違うのである。Aは前提の通り、一方向に動いているように見える。ところが、Bの動きは前提とは異なる（戻しが大きい）。したがって、前提の動きと異なる＝決済が適当なのである。

◆図3－21

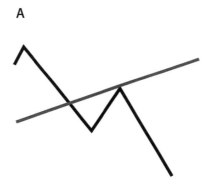

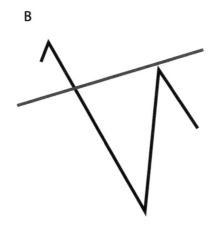

損切りのひとつの目安として、建値にストップをずらすのは1回目の利食い後でよい。1回目の利食いができたということはエントリーから10pips以上進んでいるということになるからだ。1回も利食いできずにストップに引っかかる場合は10pips以上の戻しがあったということとなる。

これは、この時間でのトレードにおいて10pips分の戻しがあった＝戻しが大きいという判断でのことだが、極端にボラティリティの高い相場においてはその限りではない。

それでは、最終的な利食い＝決済の根拠をまとめておこう。116ページでまとめたものと比べると、以下のように項番5の「pips数（利食い根拠優先）」が追加となり、補足として「前提が崩れたとき」も加わった。私は、利食いについて、これ以外の根拠を採用していない。

---

1. 高値・安値付近
2. ライン手前
3. フィボ38.2%・50.0%・61.8%付近
4. トリプルゼロ付近
5. pips数（利食い根拠優先）
※その他、前提が崩れたとき

第4章

実戦的な話について

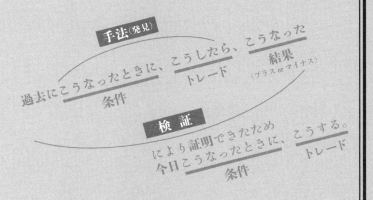

第1節
どのような割合で利食いをすべきか

　第3章で利食いの話をした。今回は、さらに深い話をしたいと思う。

1）分割決済が基本

　私は、ひとつのエントリーに対して、1回で利食うことはない。大体、10分割以上で利食うようにしている。どこまで進むかわからない以上、細かく分割して利食うことが合理的だと考えているからである（図4－1）。
　利食いするパターンは、全部で大体3つに分けられる（図4－2）。
　前提とする動きになったときも、そうならなかったときも、そのときのチャートに合わせて、柔軟に対応するために分割決済を採用しているというわけだ。

2）利食い根拠の重複

　利食いに関しては、いくつか重複パターンがある。例えば、128ページの図4－3の上の図のようにラインをブレイクして売りポジションを持っていたとして、その後、図4－3の下の図のような場合に遭遇したとする。この状況は「ライン手前」であり、「トリプルゼロ付近」であり、「安値付近」でもある。

◆図4－1

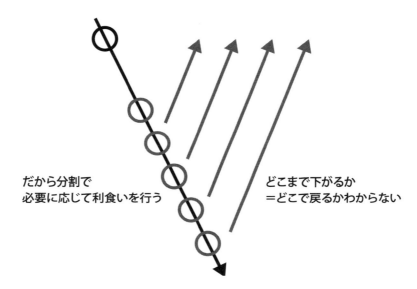

だから分割で
必要に応じて利食いを行う

どこまで下がるか
＝どこで戻るかわからない

◆図4－2

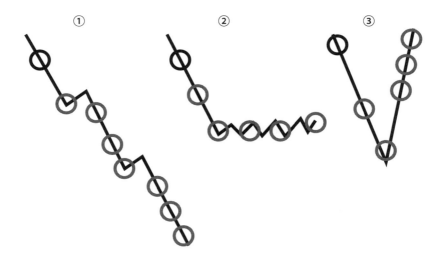

◆図4-3

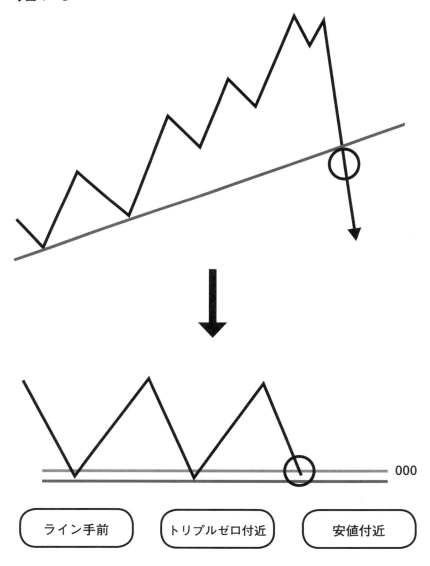

さらに離れて見てみると、すぐそばにフィボもあったとしよう（図4-4）。このように、利食い根拠（＝反発するかもしれないポイント）が集中しているならば、2回跳ねている（反発している）のも納得できるだろう。

最初に跳ね返した位置にはフィボ38.2％とトリプルゼロがあり、2回目に跳ね返した位置では、さらに最初に「跳ね返した」という実績も加わる。

もし売りエントリーしていたとして、3度目にそのポイントへ向かっているとき（図4-4のA）には、「2回も同じ位置で反発している」ことを受け、チャートには「ライン（水平線）手前」という反発要素もさらに加わる。

このように、利食い根拠が重複することはよくある。大事なのは、利食い根拠が重なれば重なるほど「反発するかもしれない」と考える人が多くなることだ。そう、利食い根拠が重なるポイントでは"利食い割合を多くする"などの調整が必要となるのである。

◆図4-4

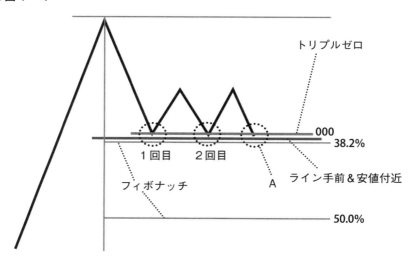

3）エントリー根拠の近くに利食い根拠があるとき

例えば、ラインブレイク＝エントリー根拠が起こったとしよう。だが、そこが同時に、安値付近であったり、トリプルゼロ付近であったり、フィボ付近であったり、あるいはそれらが重複することもある（図4－5のA）。

利食い根拠とは「反発するかもしれない場所」である。そこに当手法のエントリーポイントが重なる場合は、当然、矛盾が発生する。

したがって、「反発するかもしれない＝利食い根拠」が複数ある場合は、エントリーを見送るなど、フィルターとしてこれを使用する。

あまり気にしすぎるとエントリー機会を減らすことになってしまうが、利食い根拠がいくつも重なっているようなところとエントリー根拠が重なってしまった場合は、いつも以上に警戒したほうがよいことだけは確かである。

◆図4－5

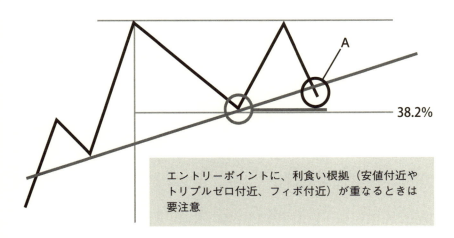

エントリーポイントに、利食い根拠（安値付近やトリプルゼロ付近、フィボ付近）が重なるときは要注意

4）利食い時にエントリー根拠が重なるとき

　例えば、ブレイク根拠の売りエントリーをしたとしよう。エントリー後、思う方向へ動いて利食いポイントに当たれば、そこで一部利食いをする必要はある。

　ただ、図4－6のようにエントリー後、勢いよく下落して、利食いポイントを一気に通過した場合はどう考えればよいのだろうか。

　この場合でも、利食いポイントで一部利食いする必要はあるが、同時に、「勢い」もまたエントリー根拠であることも考慮しないといけない。つまり、ここでも矛盾が発生するわけだ。私はどうしているかというと、こういったケースでは、利食い予定値で本来すべき利食い割合を減らして対応している（いつもよりも多めにポジションを残している）。

◆図4－6

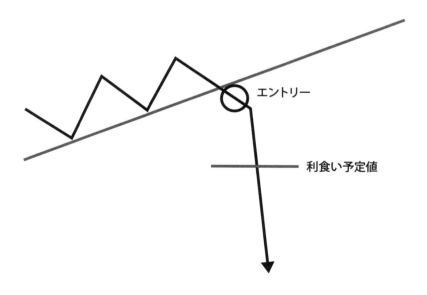

5）エントリー後の利食い・出口はとても難しい

　個々を言語化してしまう。つまり、完全なルールにしてしまうと、動きを見ながら判断をする必要がなくなるのでトレードがブレることも減るかもしれない。しかし、それは同時に、チャートの声を無視することにもなる。

```
「もっと伸びたい」A
「一方的な強い動き」B
「なかなか進めない」C
「反発したい（この方向じゃなかった）」D
```

　完全なルールにしてしまうと、チャートの声を聞きながら、柔軟に利を伸ばしたり、逃がしたりすることができない。ブレる恐れはあるかもしれないが、私はチャートの声を聞くことを選択している。

◆図4-7

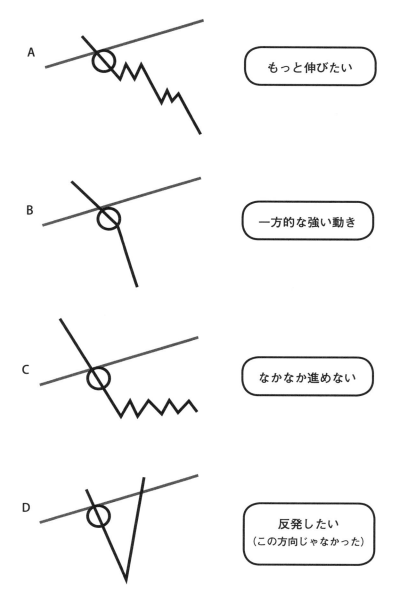

第2節
中期目線のトレードについて

1）含み益の出ているポジションは一部残す

　当手法は短期トレードであるが、同時に、中期も見据えている。ここで言う「短期」とは16時（欧州）からＮＹに入るまでの数時間のことである。トレード回数は、1日に0回のときもあれば、3～4回程度になることもある。

　保有したポジションのほとんどは16時からＮＹに入るまでの数時間中に決済することから短期メインのトレードとなる。

　ここでミソとなるのが「ほとんど」と書いたことである。すべての決済ではない。含み益が乗っている一部のポジションは、そのまま伸ばす目的で保有するのである。だから、中期目線も必要となる（ポジション保有の詳細については次節で紹介）。

　例えば、図4-8のように、短期トレードのエントリーサインがあったことを受け、「Ａ」で売りのポジションを作ったとする。

　必要な利食いをしながら、遅くてもＮＹ時間に入るＢまででそのほとんどは決済させている。ただ、一部のポジションはＢ以降も建値にストップを入れ保有したままにしてチャートを閉じる。

　Ｂ以降、どちらに行くかはわからない。当然だが、図4-9の「Ｃ」のように戻ってきて建値でストップすることもある。その一方で、Ｄのようにさらに方向を作ることもある。

◆図4-8

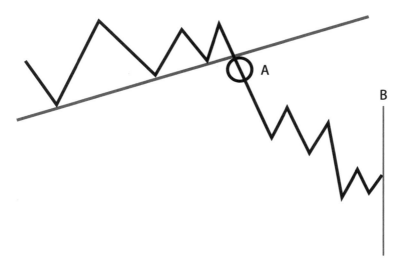

◆図4-9

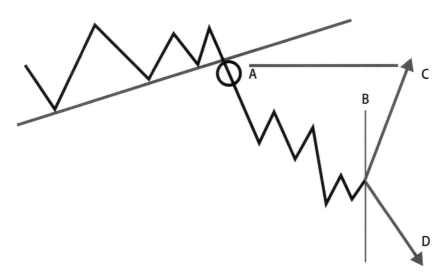

短期トレード中に伸びているならば、そのポジションに対して早い段階で建値にストップ注文を入れる。短期トレード時間内に戻ってこなければ、ストップ注文をそのままにしてチャートを閉じればよい。ポジションを残したまま短期での仕事（＝短期トレード）を終えたのであれば、その後はそのポジションのことを忘れるくらいでよい。

　翌日、またトレードをする時間になれば、いつも通り、仕事の準備を始める。昨日のポジションの含み益が伸びていても気にしてはいけない。今日は今日の仕事を、いつも通りにするだけである。

　「上下、どちらに抜けるだろう」という思惑は持たず、基準となるラインを上に抜けたことを根拠に買いを入れるか、下に抜けたことを根拠に売りを入れるか、要するに、どちらかに仕掛けが起こるのを待つだけである。
　前日に売りのポジションを保有していることを理由にして「下に仕掛けが起こるだろう」というような先入観を持ってしまうなら、それは、前日のポジションを保有していることで、あなたの目が曇ってしまっているのだろう。
　自分の願望でチャートの右側を描くべきでない。我々は「上、下、どちらかに仕掛けが起こった」という事実を確認したうえで、いつもの仕事（エントリー）を始めなければならないのだ。
　今日のエントリー分については、いつも通りに利食いや損切りをする。そして、今日も下への仕掛けが起こったのであれば、結果的に昨日のポジションも伸びるだけである。最終的に、今日伸びて保有した一部と、昨日のさらに伸びた一部のポジションを保有している状態になるわけだ。
　言うまでもなく、明日も、明後日も、同じことをひたすら繰り返していく。ここまでお話ししてきた内容を図にすると、図４－10のよ

◆図4-10

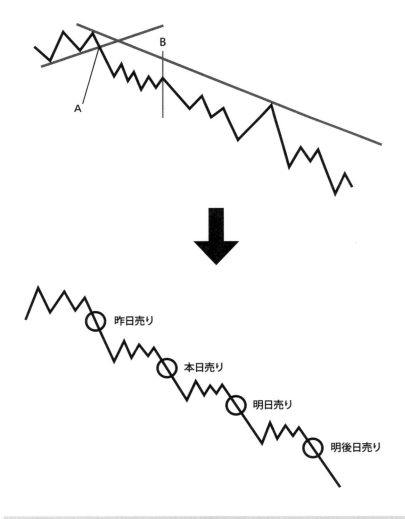

上の図のAでショートポジションを作り、B(19時)までにポジションのほとんどを決済する。一部だけ残したポジションは、下の図のように次の日に持ち越す

うなイメージになるだろうか。

　短〜中期的な方向が出ると、面白いようにポジションを積んでいくことができる。「本当にこんなにうまくいくのか？」という疑問が聞こえてきそうだが、それは私に言わせればナンセンスである。

　うまくいくかどうかが大事なのではない。うまくいった（大きく動いた）ときにしっかり取れていること、そうならなかったときには早々に止めていることが重要なのである。

　チャートの右側を勝手に描いて「未来はこうなるからこうする」ではなく、「こう動いたという結果があるから、自分はこうした」でよいのである。「予想が当たったから大きく取れた」ではなく、「チャートが大きく動いた結果、保有しているポジションも大きく伸びた」でなければならない。

　チャートの歴史を見る限りは、どこかのきっかけで方向を作り、グングン進んでいく。短期・中期・長期いずれであってもだ。

　ある者は「取ったポジションが少し伸びたところで利益を減らしたくないから、早々に利食いしてしまった」と言った。

　また、ある者は「逆へ動いたポジションが戻ってくるのを待っているが損は膨らむばかり。もうチャートを見たくない」と言った。

　よく聞こえてくる発言だが、どちらも良くないことは、ある程度の経験を積んでいる読者であればわかっていると思う。なぜ、良くないのか。それは、方向を作るチャートに対して合理的な戦略でないためである。

　相場がいずれ方向を作るのであれば、それにうまく便乗し、しっかりと取りたい。そうならなければ、早めに引くこと。もう聞き飽きたかもしれないが、チャートの中で戦うためには"このこと"が必要で

あると、再度、強調しておきたい。

そして、上記(いずれ方向を作るのであれば、それにうまく便乗し、しっかりと取ること。そうならなければ、早めに引くこと)を前提に、以下の５つに関して、自分の性格やライフスタイルに合わせるのでなく、チャートに自分を合わせて戦略を組み、その戦略は問題がないか検証をして、問題なければ、その戦略通りに仕事をするだけである。

①いつ？
②どのような条件が発生したときに？
③どこでエントリーをして？
④どこまで伸ばし？
⑤どこで切るか？

繰り返しになるが、「これからどう動くか？」を予想してその中で戦うのでない。「大きく動いた。そこに自分のポジションがあったので伸びていた」となるように考えるのである。

2）チャートの声を聞く　～事実でトレードする～

　これまでの短期トレードではラインが引けて、それを上にブレイクすると「買い」を入れ、下へブレイクすると「売り」を入れていた（図4－11の上の図）。つまり、ブレイクしたポイントを方向が出る転換点・基準と判断していたのである。これを中長期にずらして考えてみよう。

　短期チャートで起こっていることは中期・長期のチャートでも起こっている。例えば、図4－11の下の図のようなチャートを形成したとする。

　Aでは、下を試そうとするも反発した。Bでも、再び下を試そうとするが跳ね返された。AとBで跳ね返した実績を受け、「ここが底だ」という予測が参加者心理に反映されるため、再び下を試しに来たときには「また底へ落ちてきてくれた」「ここは固い」と考える者が出てくる。そして、Cでまた跳ね返した。これで3回跳ね返した実績となったわけだ。その後、また落ちてきたときには、先ほどと同じように「底で買うチャンス」と考える参加者がさらに出てくることは容易に予想できる。

　だから、そこで跳ね返すことも当然あるのだが、その跳ね返そうとする力より大きな力で強引に下げる場合がある（D）。

　跳ね返されなかった場合、「底だ」と思って買いを入れた参加者たちや、それまで「底だ」と思って買っていた参加者たちの予想とは異なる動きが起こったことになる。そこで、彼らはポジションを手放し始める。その力も加わり、さらに落ちていく。

　リアルタイムで見ていなくても、あとでチャートを振り返ってみれば、こういう動きの痕跡ははっきりわかる。

　ここまで話してきたことはレアケースではない。よく見られること

◆図4 − 11

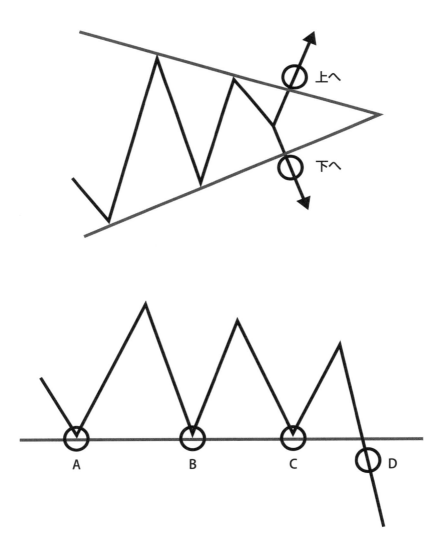

である。本書で伝えたいのは「また跳ね返すだろう」「今度は抜けるだろう」といった予想をせず、「跳ね返した」「抜けた」という事実に基づいてトレードすべきである、ということである。

　さて、こういった図で説明をしているとき、「これはどの時間足のチャートか？」と尋ねられることがある。その質問を受けるたびに、どう答えるべきか困っている。
　なぜなら、短期のチャートでも、中期・長期のチャートでも、同じことが繰り返されているからだ。つまり、先に説明した短期での見方を中長期へスライドさせて考えても、それは当てはまる。共通する部分が多いということである。したがって、参加者たちの心理を見るうえでは、「どの時間足のチャートか？」はあまり関係がない。

3）短期から中期へのスライド

　図4－12のように基準となるラインが引けたら引き、それをブレイクしたときに動いた方向へと仕掛ける。この図は5分足だが、少し離れて見てみよう。
　「保有したポジションのほとんどは短期で決済する」ということについては、先に説明した通りである。このとき、残したポジションをどう決済するのか。そのタイミングを計るために、まず「今、自分が戦っている場所は中期的に見てどうなのか」を事前にチェックするようにする。図4－13を見てほしい。

Aのような上昇中に短期の下への仕掛けで入ったのか？
Bのような下降中に短期の下への仕掛けで入ったのか？
Cのような方向が出てないときに短期の下への仕掛けで入ったのか？

◆図4－12

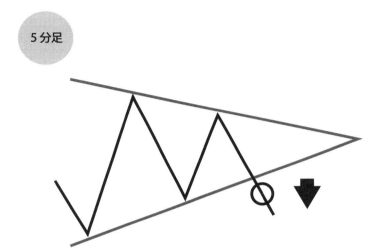

◆図4－13

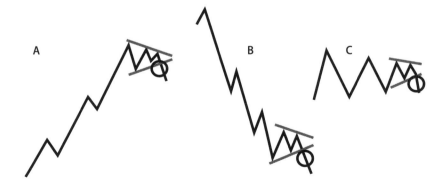

143

これを見ている。要するに、チャートの声を聞いているのである。短期にしても、中長期にしても、考え方は同じだ。自分がチャートを思い描くのでなく、チャートの動きに従い、その中で自分がどこで取ったか、日足・週足などの上位足でも確認してもらいたい。

チャートは、大きく、以下の3つのパターンに分けられる（図4－14）。

・下降
・上昇
・方向なし（レンジ）

結果で見れば、現在のチャートも、これから形成されるチャートも、この3つのどれかになっているのである。

多くの無責任なエコノミストなどは、これから形成されるチャートを勝手に描いてしまう。

そして、参加者たちは誰かの予想を採用したり、あるいは自分で予想をしなければならないと錯覚する。

本書の中で何度か触れていることだが、私はそんな予想はしない。ラインブレイクを根拠にエントリーしたポジションが、結果的に伸びたまま戻ってこなかった。それが次の日も起こり、また次の日も起こった。後で振り返ってみたら、上位足でも結果的に方向ができていた。ただ、それだけなのだ。このことが、わかるだろうか？

そうなった（一方向へ動いた）ときに"しっかり"取れている戦略が必要なのであって、そこに予想は必要ない。当たる予想などというものが本当に存在するならば楽になるが、そんな幻想はとっくに放棄している。

「予想が当たったから取れた」と「事実に基づいてトレードし続けた結果、取れた」では、たとえ結果が同じでも、本質はまったく異な

◆図4－14

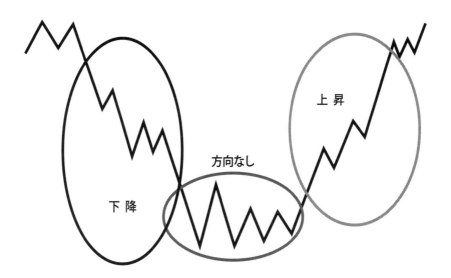

チャートは、「上昇」「方向なし」「下降」の3つのパターンに分けられる

る。ここの意識の違いこそが本質を理解したトレーダーか否かの境界線になっていると私は考える。

4）逆張り的な思考はお勧めしない

　あるきっかけで相場は連日一方向へ進み続ける。ずっと上がり続けると（あるいは下がり続けると）、参加者たちの中には「もうそろそろ、天井だ（底だ）」という予想が生まれるようになる。

　何を基準に「天井だ」「底だ」と言っているのかはわからないが、実際、そう考える参加者は実に多い。そして、その後は「これだけ行き過ぎた相場だから反発も大きいはずだ」と思うのである。

　このように考える参加者たちの多くは反発（反落）を期待して「上がったから売る」「下がったから買う」という行動をとる。しかし、「来る」と思い込んでいる大きな反発を期待してエントリーしているにもかかわらず、天井か底での決済を狙おうとするため、結局、利食いが早くなってしまったりする。読者の中にも、そういう経験をした人がいるのではないだろうか？

　「これだけ上がった（下がった）からその反発は大きい」や「そろそろ天井（底）で反発が起こる」といった発想の多くは、根拠もないただの思い込みか、もしくは根拠もない思い込みをしたエコノミストの予想を鵜呑みにしているかのどちらかであることが多い。入る根拠のないトレードには、当然、「どこで撤退するか」「どこで決済するか」の出口についての戦略もない。

　あなたは思うかもしれない。「逆に、戦略があってそれの検証もできているのであれば逆張りでもいいのか？」と。もちろん、戦略があって、検証もなされているのであれば、まったく問題ない。

　私は、特定条件においての逆張りエントリーのトレードスタイルを

否定しているのではない。「上がれば下がる、下がれば上がる」や「上がり過ぎ、下がり過ぎ」など、自分の感覚で思い込んでトレードすることの危険性について書いている。

　私にとっては、短・中・長期を問わず方向が出たトレンドに逆らうより、方向が出たトレンドに便乗するほうが楽で、それをベースにしたロジック構築のほうが容易だった。

　おそらく、逆張り思考の参加者が「上がったから売りを入れているであろう場所」で私は買い、「下がったから買いを入れているであろう場所」で私は売ることにしているはずだ。

　「一方向に進んでいるチャートがどこで反発するか？」を当てようとするよりも、「一方向に進んでいるチャートと同じ方向へついていく」ことのほうがよっぽど楽であると考えているのである。

第3節
ポジションの保有について

　短期のトレードでは、仕掛けるべきポイントが来たらエントリーをする。そして、ポジションが伸びた場合には、必要な箇所で利益を確定させ、逆行した場合には必要な箇所で損切りする。これが基本だ。

　ただ、あくまでも基本であって、相場の状況に応じて臨機応変に対応する必要も、ときにはある。例えば、あるとき、勢いが強かったため利食いポイントでの決済割合を少なくしたことがある。これは「売りが非常に強い」というチャートからのメッセージを受けたからである（図4 - 15）。

　この"相場の状況"を考えるために、短期トレードをもう少し離れたところから見てみよう。例えば、1時間足や4時間足の中期的なチャートで見ると、こちらでも上昇ラインを下抜けしていて、下抜け後、少しもみあったあとのAのポイントが短期のトレードの地点であったとする（図4 - 16）。

　中期・短期の2つの三角ができている。短期の仕事はAの中の三角で抜けたところで、抜けた方向についていかなければならない。この場合、中期的な方向があるからといって、それは短期で入る方向には影響しない。つまり「中期的に下抜けをしたから今日の欧州でも下へ仕掛ける可能性が高い」などということは考えないようにする。

　短期トレードにおいては、どちらへ仕掛けるかの予想はせず、事実

◆図4－15

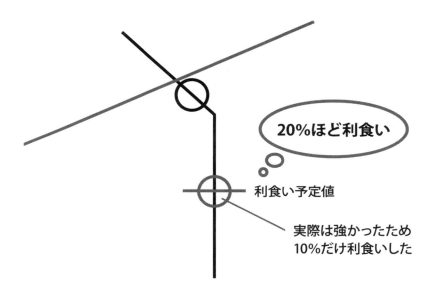

◆図4－16

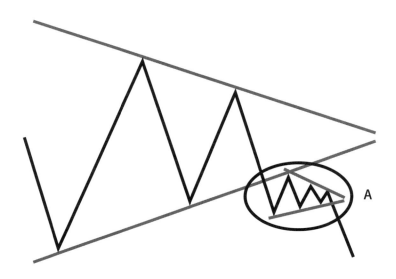

を見てエントリーをした。結果的に中期的な方向と同じだったから利食い割合を少なくし、翌日に残す割合を多めにする。つまり、中期の目線は短期のエントリーに影響はしないが、その短期トレードで伸びたときの利食い割合には影響するということである。

逆に、図4－17のように、中期的な三角を上に抜けているケース（＝買いが強めのケース）を見てみよう。

ここで、短期の下への仕掛けが起こり、売りでエントリーした場合は、図4－16とは逆で利食いの割合を多くして、翌日に残す割合を少なくする。中期的に方向がない＝レンジでも同様である。

このように方向が中長期にかけて出たときには、毎日の仕事で残したポジションをトレンドに乗せていくようにする。

ここまででイメージが湧かない方もいるかもしれない。ちょうど筆者がこの原稿に取り組んでいるときに、アメリカ大統領選挙（2016年11月）があった。このときのチャートを使用して「おさらい」をしたい。

私は、ある日、気分を変えるため、近くのカフェで執筆していた。すると、しばらくして老夫婦が隣の席に座り話し出した。

「じき、アメリカの大統領選挙があり、ヒラリーが勝つから大きな円安になる。もしトランプが勝ってしまったら大きく円高になるけどトランプはどうせ勝てない」

私より倍以上生きてきたであろう男性は、自信満々に奥さんにそう話していた。まるで、当時のテレビや新聞での知識人やエコノミストの発言を、そのまま引用したような内容だ。私は後から知るのだが、

◆図4−17

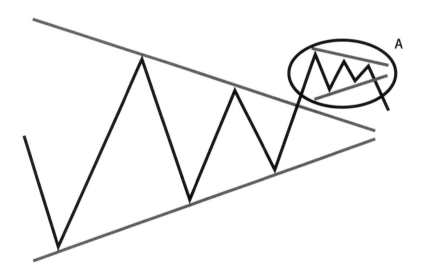

大方の予想は"これ"だったようだ。

そして、この後に起こることは、この相場を戦っていた読者ならよく知っているだろう。

そう、結果は予想に反してトランプが勝利した。そして、これもまた予想に反して、ドルに対し円は大きく上昇（円安）となった。大方の予想とは逆の結果となった。

私はどう予想していたかって？　ここまでを読んできた方であればわかると思うが、予想などまったくしていない。チャートで戦っているフリをしている者たちが、いつものように予想を外しても問題ないかもしれないが、私はそんなギャンブルをするつもりはないし、そもそも、予想に基づいた戦略を優秀だとはまったく思っていない。

仮に、ヒラリーが勝とうが、円高になっていようが、その事実についていくだけである。ニュース速報や予想といった雑音などはいらない。チャートがすべてを教えてくれるからだ。

だから、トランプが勝ち円安になろうが、ヒラリーが勝ち円安になろうが、トランプが勝ち円高になろうが、ヒラリーが勝ち円高になろうが、大統領選挙をきっかけに方向が出ようが出なかろうが、どれになっても私の仕事は変わらない。大きく動いてくれるならば、どちらに動いたとしても、事実を見て（動いたほうについていって）、しっかり取ることに専念するだけだった。

そのときのチャートを見てみよう（図4－18の上図）。図はドル円チャートの1時間足だ。短〜中期的に、この大統領選挙をきっかけに大きく動いたことがわかる。一番左の大きく動いている箇所が大統領選挙の当選確定＝事実の場所だ。また、図4－18の下図のように、四角で囲っている部分がＮＹが参入するまでの欧州時間16時〜22時になる。

説明で書いた通り、中期的に一方向への力が強い相場である。上昇

◆図4−18

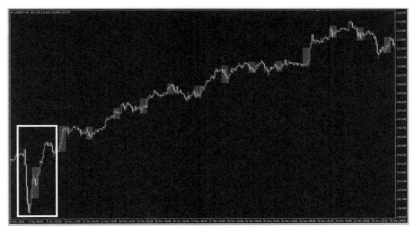

拡大

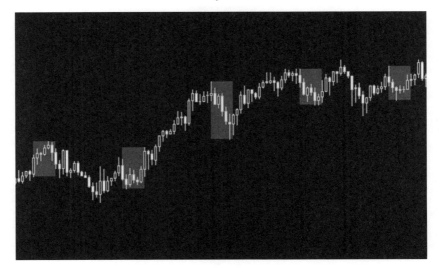

四角で囲っている部分がNYが参入するまでの欧州時間（16時〜22時）

の勢いが強く、その日の仕事（短期トレード）中に上への仕掛けが起こって買いで入った場合には、すぐに決済せずに保有したままの割合を多くする。

　仕事をする時間を囲むと、短期では必ずしも上昇ばかりではないことがわかる。「先入観を持ってトレードしない」とはこのためである。図4－19の上矢印のところでは上への仕掛けが起こっているので買いで入る。下矢印では下への仕掛けが起こっているため売りで入る。

　この場合、買いで入っているならば、中長期的な方向を考慮し、仕事時間内の決済を少なくして、最終的に保有ポジションの割合を多くする。

　逆に、売りで入っている場合には、同様の理由から、仕事時間内の決済を多くし、最終的に保有ポジションの割合を少なくする。

◆図4－19

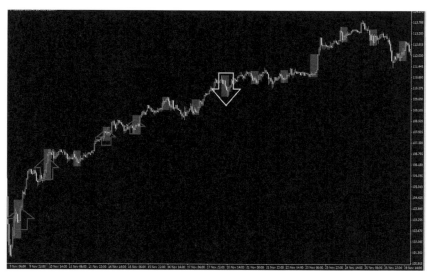

長期的には上方向に動いているが、短期的には、必ずしも上ばかりではないことがわかる

◆図4-19の拡大

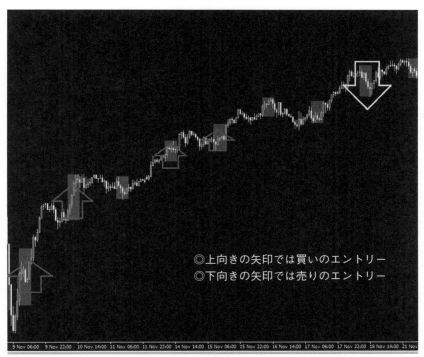

◎長い時間軸が上方向のときに、短期で買いのトレードをした場合は、翌日に残すポジションの割合を多くする
◎長い時間軸が下方向のときに、短期で売りのトレードをした場合は、翌日に残すポジションの割合を多くする

もうひとつ、2016年の1年を通して見てみよう。図4－20はドル円の日足チャートである。
　Cの上昇が先ほど書いたものである。Aでは下降トレンドになっていることがわかる。Bでは下げがいったん落ち着き、方向感のない状態になっている。
　つまり、Aの中では売りで入っている場合は、仕事時間内の決済を少なくし、最終的に保有する割合を多くすることになる。逆に、買いで入っている場合は、仕事時間内の決済を多くし、最終的に保有する割合を少なくする。
　Bの中では方向感がないため、買いで入っても売りで入っても仕事時間内の決済を多くし、最終的に保有する割合を少なくする。

　チャートの結果を見ていると簡単に思えるが、実際にやっていると、「今は上昇中であるのか、下降中であるのか？」「上昇中や下降中がわかっていても、いつ方向感がなくなるか？　またいつ方向が出るか？」など、判断するのが難しいのも事実である。
　今がどの状態であるのかを判断するためにどうするかだが、ここでもラインを使用する。理想的なラインは反発回数や角度である。短期トレードで使用するラインと同じようにそれを中期〜長期でも使用する。

　2016年は、Aの下降トレンドで始まり、Bで方向感がなくなり、Cで転換して上昇した。この流れは、決して後付けで言っているのではない。図4－21を見てほしい。116.000のポイントに水平線がある。これを下抜けしたAで「下への方向感が出るきっかけになった」と判断した。

◆図4－20

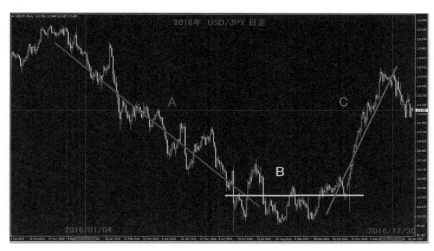

◆図4－21

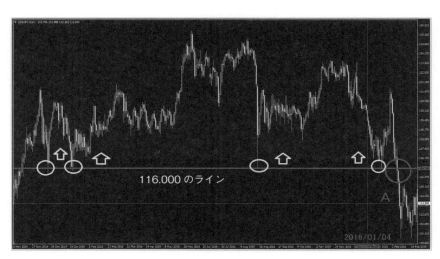

次に図4-22を見てほしい。下降ラインを上に抜けたBで「方向感なしのレンジから転換するきっかけになった」と判断した。

こうしたポイントを抜ける前から水平線も下降ラインもすでに引いていた。ここが中期的に大きなポイントとなることを抜ける前から発言している。これは私が発信しているSNSやツイッター（アカウント @hideto_fx）で過去の発言を見て、日付なども確認してもらいたい。そこでの発言などを見てもらえばわかるように、本当にチャート上に引いたラインだけでほとんどの判断を下している。

実際に起こった動きはすでにチャートに描かれている。では、そうではなかった場合にはどうなっていたか？　これもラインを使って判断していただろう。図4-23を見てほしい。

基準となるラインが引け、Cのような動きをしてそれを上抜けしたら「上昇」と判断していただろうし、基準となるラインが引け（ここでは100.000付近だったろうか）、Dのような動きをして、それを下抜けしていたら「下降」と判断していただろう。要するにこういうことだ。

AでなくCだった
BでなくDだった

どちらも大した問題ではない。

最も面白くないのは、160ページの図4-24のような動きになってしまったときである。

基準としているポイントを上に抜けて騙され、続けて下に抜けたのに、また騙しに遭うケースだ。

ただ、このようなことは結果的にわかることであり、実トレードに

◆図4－22

◆図4－23

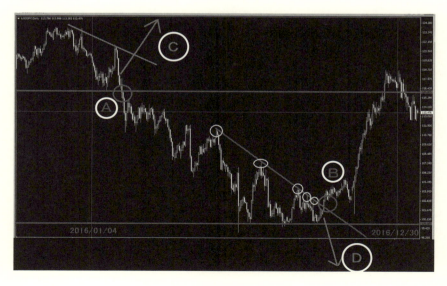

159

おいては、抜けた方向に目線を向けるしかない。その結果、跳ね返されたのであれば、それはチャートからのメッセージとして受け取るだけだ。上も下も、両方ともで跳ね返されるのであれば方向感がないと判断する材料なのである。

　抜ける前に「こちらに抜けるだろう」や、抜けた後に「こちらに抜けたから今後上がる（あるいは下がる）はずだ」といった予想は、そうならなかったときには素早く対応できなくなるため、くどいようだがお勧めしない。

◆図4－24

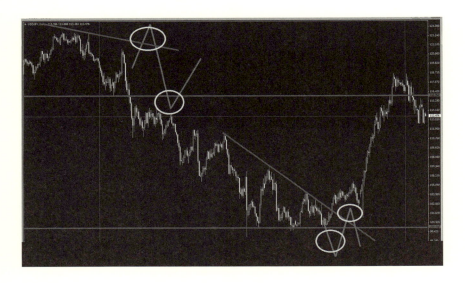

第4節
どこまで行くか？

1）頭と尻尾はくれてやる

　短期の仕事が終わった後もそのままポジションを保有している場合、どこを出口（決済）とすればよいのだろうか。いつまで、その抜けた方向への目線でいればよいのだろうか。

　「どこで天井になるのか、もしくは、底になるのか」がわかるのであれば、天井か底ですべて決済すべきであるが、実際には、それを当て続けることは難しいと考える。
　例えば、買いで持っているポジションを天井ですべて決済することは、イコール、天井で売りを入れることであり、売りで持っているポジションを底ですべて決済することは、イコール、底で買いを入れることになるわけで、これらは先に説明した逆張り的な思考でもある。私にはその予知能力がないので"これ（＝天井や底での決済）"を諦めている。

　結果を見た後であれば「この頭から尻尾までを取れたら」と思うかもしれないが、そこを目指すがゆえに「決済が早すぎた。あのまま保有していたら今ごろ……」と言うのは意味のない計算をすることだと考えている。

頭から尻尾まで取りたいということは、上がっているときに売らなければならないことであり、下がっているときに買わなければならないことである。利益が乗った後も、伸びている途中で決済しなければならないのである。

　私自身は"頭から尻尾まで"は最初から諦めている。だから、上がり出した、下がり出したと判断できるところで入り、反転したと判断したところで決済をしている。
　図4－25を見てほしい。図の中の太い白線を狙っている。細い白線は頭から尻尾を取りたい層が狙っているところである。
　あなたは、どちらの方法を目指したいのだろうか？

◆図4－25

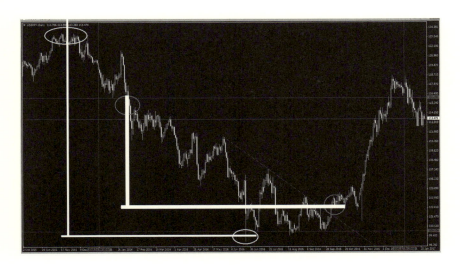

2）中期の利食いポイント

　長い目（中期）で見た場合、どこまで伸びるかわからない前提でトレードするが、一部利食いしてよいポイントはある。

　そのポイントは、短期トレードと一緒である。利食いポイント＝反転するかもしれないポイントだからだ。短期トレードでないので⑤のみ省く。

①高値・安値付近
②ライン手前
③フィボナッチ・リトレースメントの 38.2%・50.0%・61.8%付近
④トリプルゼロ付近
~~⑤pips数（利食い根拠優先）~~
※その他、前提が崩れたとき

　短期チャートで起こっていることが中長期チャートでも起こっていることはすでに説明した。実際、チャートはその繰り返しである。したがって、短期トレードで書いた内容を理解していれば、中長期チャートの見方はそこまで難しいことではない。いくつか例を挙げてみよう。

　次ページの図4－26 は、ドル円の月足だ。長期のチャートである。この上昇トレンドに乗れていた場合に利食いポイントを当てはめてみると、以下のようになる。

AとB：フィボ 38.2%と 50.0%の位置である
C　　：ラインの手前とフィボ 61.8%の重複するポイント

◆図4－26

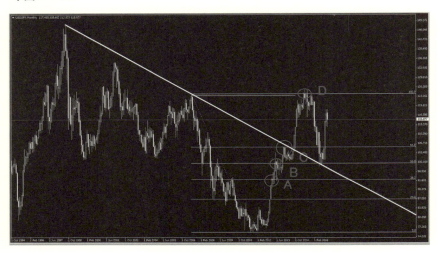

◆図4－27

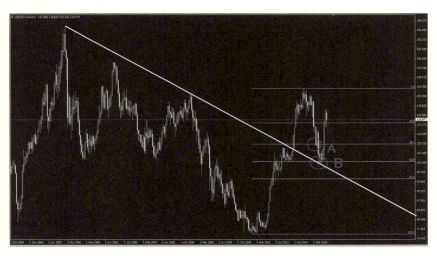

月足で見ると小さいが、実際に反発が起こっているのが確認できる。結局、そのラインをブレイクして高値付近（D）での反発となった。

　図4－27もドル円の月足である。こちらは2016年の下降トレンドである。同じように利食いポイントを当てはめてみると、以下のようになる。

A：フィボ38.2％戻し位置
B：フィボ50.0％戻し位置、その下降ラインの反発位置でもある　さらに100.000のポイントでもある（0が多いので注目されているポイント）

　結果的にBでの反発となった。

　このように中期でも長期でも、短期と同じように反発するかもしれない位置を利食いの根拠として採用している。
　そのため、保有しているポジションは、各利食いポイント（＝反発するかもしれない位置）で解消していく。言うまでもなく、利食いポイントが重複するところでは、利食う割合を多めにする。そして、最終的な決済は、その他の前提が崩れたとき＝トレンドが反転したと判断できるときである。

証明方法（検証のやり方）について

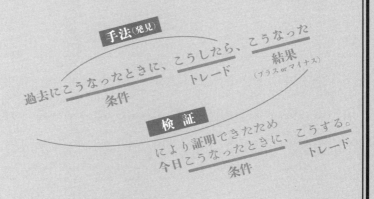

第1節
検証の準備

検証作業で最も使われているソフトのフォレックステスター(以下、FT2)を紹介します。今では、当ソフトを扱う日本代理店もあるので本格的な検証作業をしたい方には購入をお勧めします。

●

まずは、検証するためのデータをサーバーからダウンロードし、検証の準備をします。

① FT2を起動し、画面左上のヒストリーモード、テストモード切り替えボタンからヒストリーモードを選択。

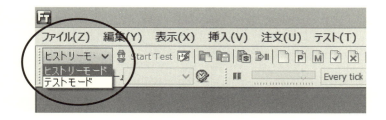

②画面上部のメニュー「ツール」から"データセンター"を選択。

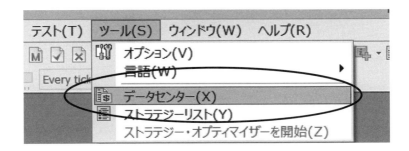

③データセンターパネル内の、シンボル欄で"USD JPY"を選択して、シンボルプロパティ欄の「プロパティを変更」ボタンをクリック。

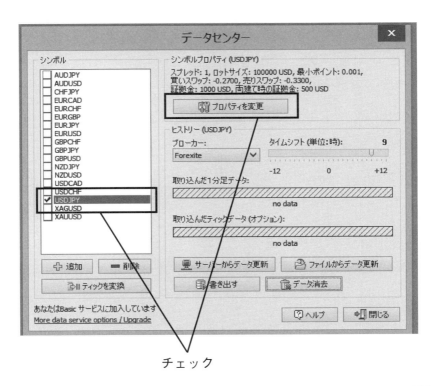

チェック

④シンボル・プロパティパネル内の、スプレッドを「1」に設定(※日本国内の証券会社を利用している場合は 0.3 等ですが、FT2 での最小値は 1 です。小数点以下の桁数を「3」に設定し、「OK」ボタンをクリック)。

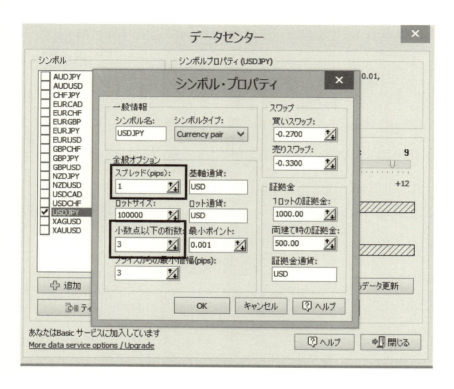

⑤データセンターパネル内の、タイムシフトを"9"に変更（※日本時間表示に設定）。「サーバーからデータ更新」ボタンをクリック。

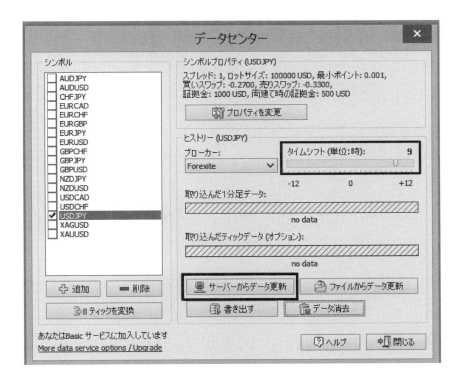

⑥サーバーからデータ更新パネル内の、日付を指定してダウンロードを選択。取り込むデータの開始日と終了日を選択し、「アップデート」ボタンをクリック。

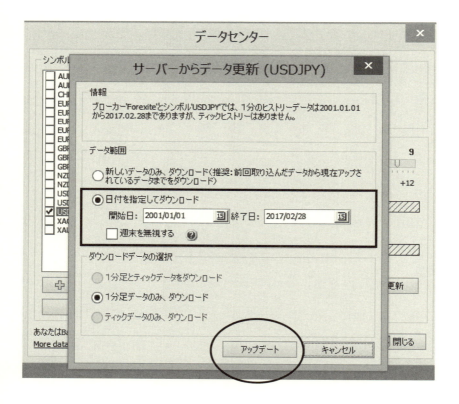

⑦アップデートでデータの取り込み完了後、「ティックを変換」をクリック（※アップデートのデータ取り込みはデータ期間やインターネットの回線状況にもよりますが、数分かかります）。

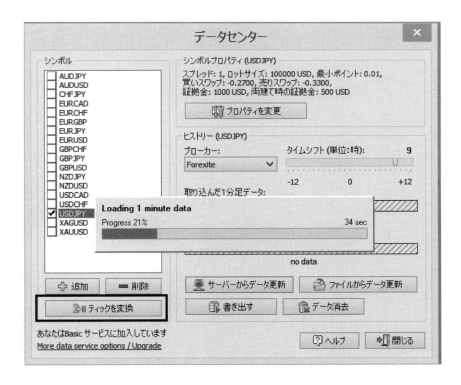

⑧ティックデータを変換パネル内の、通貨ペアの書き出し欄で「USDJPY」が選択されていることを確認。変換方法欄の「出来高によってランダムに変換」を選択し、「変換」ボタンをクリック。

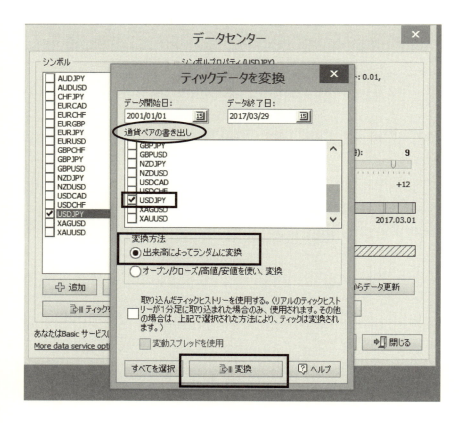

⑨以上で、検証の準備は終了です。データセンターパネルを閉じます。

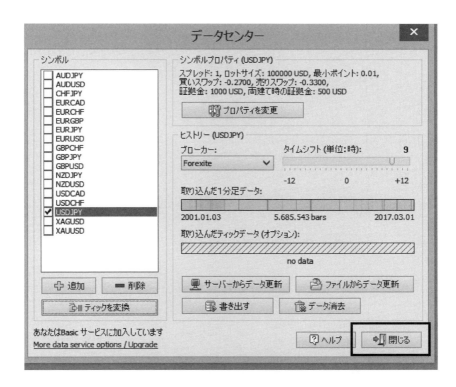

第2節
当手法を検証してみる

①画面左上の「ヒストリーモード、テストモード」切り替えボタンから「テストモード」を選択。

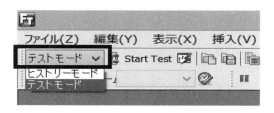

②画面上部のメニュー「ファイル」→「新規チャートの追加」→「USDJPY」を選択し、チャートを表示。

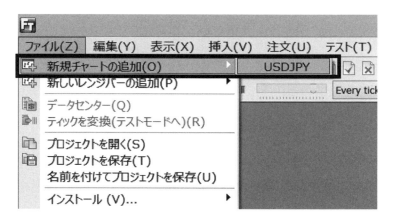

③画面上部の「Start Test」ボタンをクリックして、ヒストリーテスト・パラメーターパネルを表示（※下記の画像では、クリック後なので「Stop Test」と表示されています）。

開始日を指定欄で「テスト開始日を指定する」を選択。開始日（例：2014年8月1日）を設定し、「テスト開始」ボタンをクリックするとテストが開始されます。

④下記の操作パネルを使用して、15時まで早送りし、当手法で水平線や上昇、下降ラインを引く。

（1）時間足
（2）再生／一時停止
（3）コマ送り／戻し（設定した時間足で1本ごと）
（4）ラインツール等

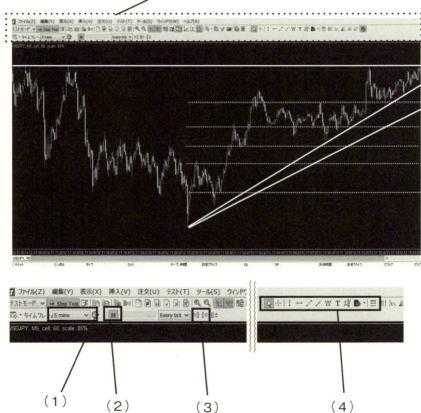

⑤エントリー：エントリー条件になったら、画面上部のメニュー「注文」から「成行注文」を選択（※キーボードのF2でも同様のパネルが表示されます）。必要な項目を設定し、「売り」または「買い」をクリックして注文確定。

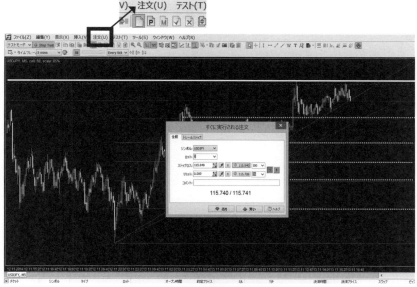

⑥分割利食い：画面左下の「保有ポジション」をクリックして、現在保有しているポジションを表示。ポジションを右クリックしてメニューを表示し、「ポジションの一部を決済」を選択。

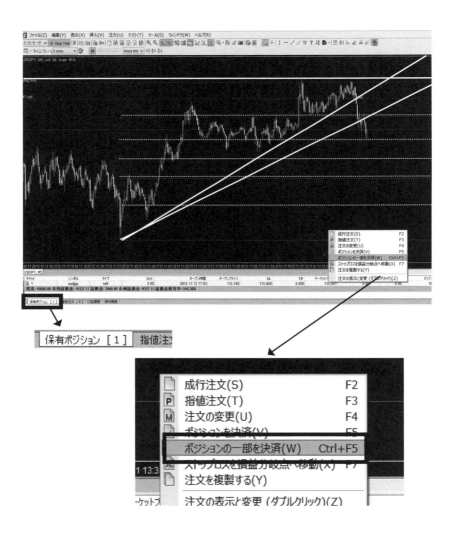

⑦決済ロットに数値を入力し、「OK」で分割決済。

⑧ストップロスの変更：ポジションをダブルクリックして注文の変更パネルを表示。新規ストップロスを変更（この場合は建値1 pips手前）し、「注文を変更」ボタンをクリックして完了。

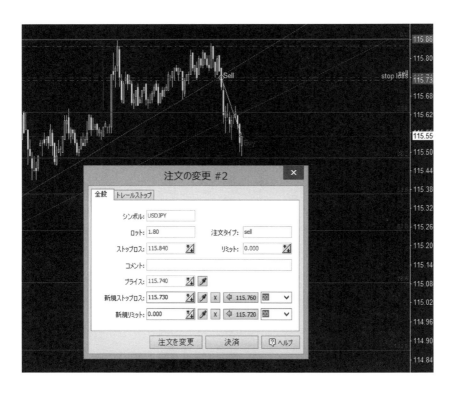

⑨利食いポイントで細かく利食いし、一部残したポジションは建値(エントリー値)にストップ注文を入れて終了。

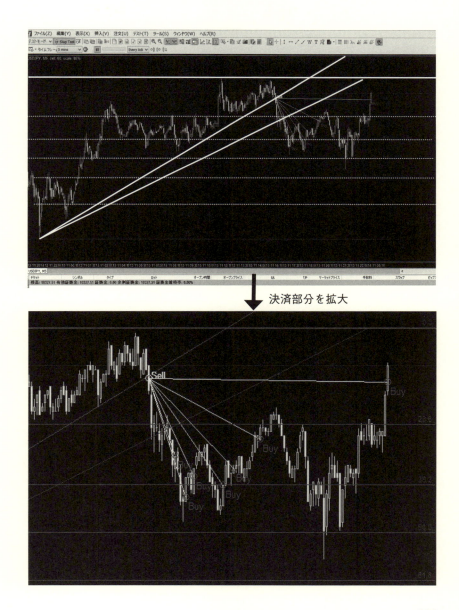

決済部分を拡大

⑩これを繰り返して行い、結果を確認する。

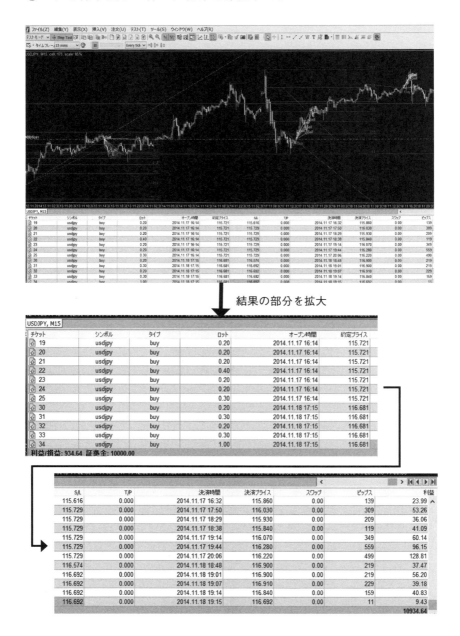

結果の部分を拡大

あとがき

1）証明なき「手法」は、手法とは呼べない

　私が採用している方法、本書で言うところの「発見」について、一通り、説明した。最初に書いたように、「完全にこの通りコピーしてやってみよう」という読者のみではないだろうし、実戦に際して何かのヒントになればと思って書いた次第である。

　入口（エントリー）と出口（決済）を特定の条件で絞り、それをルールとして実トレードにて「稼働」させていく。
　実トレードで「稼働」させることが正しいのかどうかを先に「証明」する必要があり、その「証明」をするためにも、ブレないためのルール化、つまり「発見」が必要となる。
　この3つの作業が各々のトレーダーに例外なく求められる。**「過去にこうなったときに、こうしたら、こうなった」。だから今日も明日も1年後だって「こうなったときに、こうする」のである。**
　つまり、さまざまな条件を発見し、組み合わせ、それを手法とする。その手法を検証し、使えるものであると証明する。そして、証明できたのであれば、それを使って実際にトレードをする。

　あなたがどういう手法を使うかはわからないし、私と同じ方法ではないかもしれない。それでもまったく問題ない。
　手法の発見・構築と、それを証明する検証作業の必要性と、その方法を、本書を通じて伝えることが最も大事だと思いながら書いた次第である。

２）わからないことをわかることが大事

　市場に参加したてのころは、「チャートの動きをすべてわかることこそがトレーダーとして優秀である」と、私は思っていた。

　例えば、自分のやり方では負けた日があるとする。その日に勝っている人がいたとしたら「その人は優秀だ」と勘違いすることもあった。個々のチャートの動きの中で、自分には予想できなかったことを予想できていた人が優秀だと思うこともあった。

　テクニカルにしろ、ファンダメンタルズにしろ、チャートの右側を描ける者こそ最強だ。そう思っていた時期があった。

　チャートの動きに没頭して研究を重ねたが、それでもチャートの右側はわからなかった。

　「自分がわからなかったから人にもわからない」と言うつもりはないが、私にはわからないこと、できないことを認めるようにした。

　わからないという前提に立つと、チャートの右側こそ見えないものの、新たに見えてくることがある。

　わからないからこそ、そもそも「プラスになるはずだ」という考えに至ることはなかった。だから、思う方向に動かなかったときの損切りも簡単に受け入れられた。そのことにより、損切りを受け入れる手法も形成できた。

　損切りになったからダメなトレード、プラスになったから良いトレードと単純に区別してしまう参加者もいるが、この考えは損切りを受け入れた手法とは言えない。

　トレードにおいては、結果的にうまくいくこともあれば、うまくいかないこともある。だから、リスクとリワードについても考えられる。損とはうまく付き合っていかなければならないのだ。

私は、およそわかりもしないことをわかろうとする努力はオススメしない。「これからチャートはこう動くから、こうトレードする」でなく、「条件が整ったのでエントリーした結果、プラスになった、マイナスになった」とすべきである。どうかその両方の結果を受け入れてほしい。

　あなたはとても気が変わりやすい女性と付き合っているのだ。機嫌が良いかと思えば、急にそっぽを向いたり、そろそろ動いてほしいというこちらの願いをまったく気にせず好きなだけ休んだり、全速力で一方向へ走りだしたかと思えば、急にターンして逆走したり……。

　気が変わりやすいこの女性に振り回され、付き合った男性の大多数は半年程度で彼女の元を去っていくと聞く。
　しかし、彼女にはとても魅力がある。だから、振り回される展開を想像できない男性は次々に彼女に寄ってくる。
　そして、この人たちは彼女のすべてを知ろうとし、支配しようとして失敗することだろう。
　付き合い始めのころは、数回のデートで思うような展開になったからといって、これからもきっとうまくいくと勘違いしてしまう者もいる。でもそれは長く続かない。ほら聞こえるでしょう。そっぽを向いていた彼女に向かって「自分は間違っていない」と主張する者の声が……。

　中には、彼女を知ろうとすることに失敗しても、諦めずに何度もアプローチする者もいる。
　ここで、振り返ってみてほしい。何度も振り回された結果、これから彼女は何をするかがわかるようになっただろうか？

「諦めずにアプローチし続ければ、やがて彼女は心を開いてくれる」といったドラマチックな展開になるほど甘い世界ではない。

「この先、彼女はどんな行動をするか」なんて、誰にもわかりはしない。だからこそ、わからないことを認め、そのわからない彼女とうまく付き合っていくことを考えるのもひとつの方法なのである。決して彼女を知ろう」とすることを放棄したのではない。

長く付き合っていける者と諦めて去っていく者との決定的な違いがあるとするならば、それは彼女との向き合い方の違いなのだろうか？

脳内アドレナリンを出しながら、1日のほとんどを彼女と過ごし、情熱的な恋をするのもいいだろう。

でも、私は振り回されたくないので、適度に距離をとって熱くならず、しかし彼女の声はしっかり聞くことにしている。何をするかわからない彼女が行動を起こしたならば、そのときに柔軟に動けるように準備だけはしている。

「わからないことを認める」とは、ある意味、勇気がいることかもしれない。

もしも、あなたが証明もできた特定の方法でアプローチしていたとしても、それが彼女にこの先も通用するかは誰にもわからない。通用しない日がずっと続いたとして、そのとき、わからないことを認めたあなたになす術はない。

道の先が確認できない暗闇の中で、一歩、また一歩と歩き続けるイメージだ。

そのとき、あなたはこの先に続く新しい道を描きたく（予想したく）なるだろう。だが、それをするのは待ってほしい。そんなときほどこれまで彼女の歩いてきた道を見直してほしい。「彼女はどんなときにどうしていたか？」を思い出してほしい。

「この先、どうなるかを知ろうとする」ことより、「これまでどうだっ

たかに注目する」ことのほうが大事である。それが本書で最も伝えたい内容であり、わからないことを認めながら彼女と付き合い続けている者としてのアドバイスである。

　本書の作成にあたっては多くの方々にご協力いただいた。付録のＦＴ２マニュアルの作成をしてくださった萩原潤氏、出版のきっかけを作ってくださった武石大介氏、本書の内容について助言をくださり、私のトレード屋としての仕事もバックアップしてくださっているアヴァトレード・ジャパン社長の丹羽広氏、また何度も丁寧な編集作業を行っていただいたパンローリング社編集長の磯﨑公亜氏、以上の方々に心から感謝の意を表したい。

2017年7月吉日　坂井秀人

著者紹介：坂井秀人

　この世界に参加した当初、本書付録の検証ソフトを取り扱う日本代理店がなかった時期から検証の大切さを理解し、チャートの研究を最大限に重視。そこから、安全なトレードで『現実的な数字』を算出。その際、「その数字を求める人たち」は大勢いると考え、『トレード屋』を開始する。

　業界の現状を「理不尽なルールで運用を任せるか、自分でトレードするかの極端な選択肢しかない」と嘆く。その中間の「トレードはトレード屋に任せる」という選択肢を構築。『トレード屋』としてのサービスをより安全、より透明性を高くし、公に認知されるために奮闘中である。

2017年9月3日　初版第1刷発行
2017年12月2日　　第2刷発行

三位一体のFXトレード理論

著　者	坂井秀人
発行者	後藤康徳
発行所	パンローリング株式会社
	〒160-0023　東京都新宿区西新宿7-9-18　6階
	TEL 03-5386-7391　FAX 03-5386-7393
	http://www.panrolling.com/
	E-mail　info@panrolling.com
装　丁	パンローリング装丁室
組　版	パンローリング制作室
印刷・製本	株式会社シナノ

ISBN978-4-7759-9153-4

落丁・乱丁本はお取り替えします。
また、本書の全部、または一部を複写・複製・転訳載、および磁気・光記録媒体に入力することなどは、著作権法上の例外を除き禁じられています。

【免責事項】
この本で紹介している方法や技術、指標が利益を生む、あるいは損失につながることはない、と仮定してはなりません。過去の結果は必ずしも将来の結果を示したものではありません。この本の実例は教育的な目的のみで用いられるものであり、売買の注文を勧めるものではありません。

本文 ⓒ Hideto Sakai　図表 ⓒ Pan Rolling　2017 Printed in Japan

FX関連書籍

FX乖離(かいり)トレード
行き過ぎを狙う
1分足のレンジで勝負！
著者：春香

定価 本体2,000円+税　ISBN:9784775991060

【独自のインジケーターで短期（1分足）のレンジ相場の行き過ぎを狙う】1ヵ月分（2011年1月）の「トレード日誌」で勝ち組トレーダーの頭の中を公開！

東京時間半値トレード
17時からはじめる
著者：アンディ

定価 本体2,800円+税　ISBN:9784775991169

予測が当たっても儲からないことはある。予測以上に考えなければならないのは「どうポジションを作るのか」です。「半値」に注目した、シンプルで、かつ論理的な手法をあますことなく紹介！

FXトレード
世界の"多数派"についていく「事実」を見てから動く
著者：浜本学泰

定価 本体2,000円+税　ISBN:9784775991350

〜正解は"マーケット"が教えてくれる〜
"がっかり"するほどシンプルな手法だから、すぐに覚えられる！

待つFX
1日3度のチャンスを狙い撃ちする
著者：えつこ

定価 本体2,000円+税　ISBN:9784775991008

毎月10万円からスタートして、月末には数百万円にまで膨らませる専業主婦トレーダーがその秘密を教えます。

株式関連書籍

矢口新の相場力アップドリル 株式編
著者：矢口新

定価 本体1,800円+税　ISBN:9784775990131

実需には量的な制限が、仮需には時間的な制限がある。自分で材料を判断し、相場観を組み立て売買につなげることができるようになる。

為替編 定価 本体1,500円+税　ISBN:9784775990124

相場で負けたときに読む本 実践編
著者：山口祐介

定価 本体1,500円+税　ISBN:9784775990476

あなたが本当に"勝者"であるならば、読む必要はありません。あなたがなぜ負けているのか。思い当たることがきっと書かれている。

真理編 定価 本体1,500円+税　ISBN:9784775990469

超・株式投資 賢者のためのオプション取引
著者：KAPPA

定価 本体2,000円+税　ISBN:9784775991299

もし、あなたが株式投資の天才でないのなら、普通の株式投資は捨てましょう。その代わり、高機能な戦略を可能にする「オプション取引」で利益を出しましょう。

5段階で評価するテクニカル指標の成績表
著者：矢口新

定価 本体1,800円+税　ISBN:9784775990926

相場のタイミングを知るにはテクニカル指標が必要だ。それも、"使える"テクニカル指標が必要なのだ。著者が考案したテクニカル指標も本邦初公開。

株式関連書籍

リスク限定のスイングトレード
出来高急増で天底(節目)のサインを探る！

著者：矢口新

定価 本体1,600円+税　ISBN:9784775991084

【これまでは「出来高」は地味な存在だった】何日ぶりかの出来高急増は節目(最良の売買タイミング)になりやすい！ 節目を確認して初動に乗る「理想のトレード」で損小利大を目指す。

板読みデイトレード術
投資家心理を読み切る

著者：けむ。

定価 本体2,800円+税　ISBN:9784775990964

板読み＝心理読み！の視点に立って、板の読み方や考え方だけではなく、もっと根本的な部分にあたる「負ける人の思考法」「勝つための思考法」についても前半部分で詳説。

生涯現役の株式トレード技術
【生涯現役のための海図編】

著者：優利加

定価 本体2,800円+税　ISBN:9784775990285

数パーセントから5％の利益を、1週間から2週間以内に着実に取りながら"生涯現役"を貫き通す。そのためにすべきこと、決まっていますか？わかりますか？

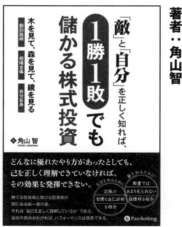

「敵」と「自分」を正しく知れば1勝1敗でも儲かる株式投資

著者：角山智

定価 本体1,500円+税　ISBN:9784775991398

己を知らずに良い手法を使っても、効果は一時的なものになるでしょう。でも、自分の弱みを理解し、己に打ち勝つことができれば、継続的に手法の効果を実感できるでしょう。

関連書籍

FXメタトレーダー実践プログラミング
著者：豊嶋久道

定価 本体2,800円+税　ISBN:9784775990636

リアルタイムのテクニカル分析からデモ売買、指標作成、売買検証、自動売買、口座管理まで！　FXトレード・売買プログラミングを真剣に勉強しようという人に最高級の可能性を提供。

FXメタトレーダー実践プログラミング
著者：豊嶋久道

定価 本体2,800円+税　ISBN:9784775990902

メタトレーダーの潜在能力を引き出すためには、メタトレーダーと「会話」をするためのプログラム言語「MQL4」の習得が求められる。強力なプログラミング機能をできるだけ多く紹介。

システムトレード 基本と原則
著者：ブレント・ペンフォールド

定価 本体4,800円+税　ISBN:9784775971505

トレードで生計を立てたい人のための入門書。大成功しているトレーダーには「ある共通項」があった!!
あなたは勝者になるか敗者になるか？

FXメタトレーダー4 MQLプログラミング
著者：アンドリュー・R・ヤング

定価 本体2,800円+税　ISBN:9784775971581

メタエディターを自由自在に使いこなす！
MQL関数徹底解説！　自動売買システムの実例・ルールが満載。《特典》付録の「サンプルプログラム」がダウンロードできる！

バカラ村

国際テクニカルアナリスト連盟 認定テクニカルアナリスト。得意通貨ペアはドル円やユーロドル等のドルストレート全般である。デイトレードを基本としているが、豊富な知識と経験に裏打ちされた鋭い分析をもとに、スイングトレードやスキャルピングなどを柔軟に使い分ける。1日12時間を超える相場の勉強から培った、毎月コンスタントに利益を獲得するそのアプローチには、個人投資家のみならず多くのマーケット関係者が注目している。

DVD 15時からのFX

定価 本体3,800円+税　ISBN:9784775963296

**毎月の利益をコンスタントに獲得する、
人気テクニカルアナリスト初公開の手法!**

専業トレーダーとして講師が実際に使用している「ボリンジャーバンド」と「フォーメーション分析」を使ったデイトレード・スイングトレードの手法について、多くの実践例や動くチャートをもとに詳しく解説。実際にトレードしたときのチャートと併せて、そのときにどう考えてポジションを建てたのか・手仕舞いしたのかを説明。

DVD 15時からのFX実践編
定価 本体3,800円+税　ISBN:9784775963692

トレード効果を最大化するデイトレード術実践編。勝率を高めるパターンの組み合わせ、他の市場参加者の損切りポイントを狙ったトレード方法などを解説。

DVD 新しいダイバージェンス
定価 本体3,800円+税　ISBN:9784775963562

バカラ村氏が信頼している「ダイバージェンス」を使ったトレード手法。より信頼度が高いダイバージェンスを含め、実践的チャートをもとに詳しく解説。

DVD バカラ村式 ハンタートレード
定価 本体4,800円+税　ISBN:9784775963838

勝ち組になるための3つのステップ、「相場観」「タイミング」「資金管理」。そのなかで利益を具現化させるための過程で一番重要であるのは資金管理である。

DVD バカラ村式 FX短期トレードテクニック 【変動幅と乖離率】
定価 本体3,800円+税　ISBN:9784775964026

トレードの基本は、トレンドに乗ること。今の為替市場であれば円安トレンドに乗ること。短期売買での、順張り・逆張りの両面に対応できるトレードを解説。

DVD バカラ村式 FX短期トレードテクニック 相場は相場に聞け
定価 本体3,800円+税　ISBN:9784775964071

講師が専業トレーダーとして、日々のトレードから培ったスキルを大公開!「明確なエントリーが分からない」・「売買ルールが確立できない」・「エントリー直後から含み損ばかり膨らむ」などのお悩みを解決!

齊藤トモラニ

ウィンインベストジャパンのFXトレーダー兼講師。2006年11月の杉田勝FXセミナーの受講生。セミナー受講後、FXでの利益が給料を上回るようになる。その後、トレーダー兼講師としてウィンへ入社。抜群のFXトレードセンスを持ち、セミナー受講生から絶大な評判を得る。「トモラニ」の愛称で親しまれている。

簡単サインで「安全地帯」を狙うFXデイトレード

定価 本体2,000円+税　ISBN:9784775991268

**FXコーチが教えるフォロートレード
簡単サインで押し目買い&戻り売りの
絶好ポイントを探せ!**

本書で紹介しているWBRという新しいインジケーターは、RSIに、ボリンジャーバンド(以下、ボリン)の中心線と±2シグマのラインを引いたもの。RSIとボリンの関係から見える動き、具体的には「RSIとボリンの中心線の関係」「RSIとボリンの±2σの関係」からエントリーを探る。

目次
第1章　ボリンジャーバンドとRSI　〜基本的な使い方と其々を使ったトレード手法〜
第2章　WBR(Win-Bollin-RSI)について　〜ボリンジャー氏からの一言から生まれた手法〜
第3章　WBRを使った基本トレード　トレンドフォロー編
第4章　WBRを使った基本トレード　反転トレード編
第5章　WBRのイレギュラーパターン
第6章　練習問題
第7章　ルールより大事なことについて

DVD トモラニが教える給与を10倍にするFX勝ちパターンを実現する極意
定価 本体2,800円+税　ISBN:9784775963531

誰かのトレードのマネをしても性格も違う、相場の経験値も違うため自分に合うとは限らない。やはり勝ちパターンは手法ではなく自分自身の中にしか無いのだ。チャートから勝つ技術をつくりだす方法を解説!

DVD 通貨ペアの相関を使ったトレード法 時間軸の選び方がポイント
定価 本体2,800円+税　ISBN:9784775964040

相場で利益を出すためにはトレンドの見極め方が大事だがそれよりも勝敗を分けるのは通貨ペアの選び方である。またUSDJPYだけしかトレードしないという方もいますが、そういう方は時間軸の選び方が利益を上げるキーポイントとなる。

好評発売中

小次郎講師流 目標利益を安定的に狙い澄まして獲る
真・トレーダーズバイブル

小次郎講師【著】

定価 本体2,800円+税　ISBN:9784775991435

エントリー手法は、資金管理とリスク管理とセットになって、はじめてその効果を発揮する。

本書では、伝説のトレーダー集団「タートルズ」のトレードのやり方から、適切なポジション量を導き出す資金管理のやり方と、適切なロスカットをはじき出すリスク管理のやり方を紹介しています。どんなに優れたエントリー手法があったとしても、資金管理（適切なポジション量）とリスク管理（どこまでリスクを許容すべきか）が構築されていないと、その効果を十二分に発揮できないからです。「破産しないこと」を前提に、安定的に、目標利益を狙い澄まして獲れるトレーダーのことを、本書ではVトレーダーと呼んでいます。Vトレーダーになるために、何をすべきか。その答えを本書の中で明かしています。

稼げる投資家になるための
投資の正しい考え方

上総介（かずさのすけ）【著】

定価 本体1,500円+税　ISBN:9784775991237

投資で真に大切なものとは？
手法なのか？ 資金管理なのか？ それとも……

投資の基本原則とは何か。陥りやすい失敗とは何か。攻撃するときの考え方とは何かなど、本書では、全6章30話からなる投資の正しい考え方を紹介しています。その際、歴史の面からの事例も紹介しています。これは「真の理解をするためには、歴史の事象を学ぶことが最適である」という著者の持論によるものです。何事も、土台がしっかりしていなければ、いくら上物を豪華にしても、長くは保ちません。あせらず、ゆっくり、投資の基礎を固めることから始めてみてはどうでしょうか。「正しい考え方」が身につけば、特殊な投資テクニックなどがなくても、投資の基本を忠実に行うことで稼げるようになっていきます。

好評発売中

あなたのトレード判断能力を大幅に鍛える
エリオット波動研究

一般社団法人日本エリオット波動研究所【著】

定価 本体2,800円+税　ISBN:9784775991527

基礎からトレード戦略まで網羅したエリオット波動の教科書

エリオット波動理論を学ぶことで得られるのは、「今の株価が波動のどの位置にいるのか(上昇波動や下落波動の序盤か中盤か終盤か)」「今後どちらの方向に動くのか(上昇か下落か)」「どの地点まで動くのか(上昇や下落の目標)」という問題に対する判断能力です。

エリオット波動理論によって、これまでの株価の動きを分析し、さらに今後の株価の進路のメインシナリオとサブシナリオを描くことで、それらに基づいた「効率良いリスク管理に優れたトレード戦略」を探ることができます。そのためにも、まずは本書でエリオット波動の基本をしっかり理解して習得してください。

エリオット波動入門
相場の未来から投資家心理までわかる

ロバート・R・プレクター・ジュニア、A・J・フロスト【著】

定価 本体5,800円+税　ISBN:9784775971239

20周年記念版に関する出版者のノート

本書の初版本は1978年に出版されたが、そのときのダウ工業株平均は790ドルだった。初版本が出版されると、書評家たちはこぞって波動原理に関する決定的な参考書だと称賛したが、残念なことにベストセラーとなるには数十万部も及ばなかった。しかし、本書の興味あるテーマと長期の株価を正確に予想したことに対する関心が大きく高まったことから、毎年増刷を続け、ついにウォール街では古典の地位を獲得するまでになった。波動原理そのものはもとより、本書も長い時の試練に耐えている。

好評発売中

日経225Weekly オプション取引入門

中丸友一郎【著】

定価 本体1,800円+税　ISBN:9784775991466

少額投資で最大限のリターンを狙うための考え方と戦略

Weeklyオプションとは、満期日である毎週金曜日の寄り付きで決まる日経平均株価（＝日経225）、すなわちSQ値（特別清算値）を、あらかじめ定められた、125円刻みの権利行使価格で売る権利（プット）、または買う権利（コール）を指します。Weeklyオプションでは、本質的価値の急騰を狙って、損失限定の少額投資で数十倍から100倍を超える大きなリターンを実現することも決して夢ではありません。これらの利点に着目して、本書では「プットを買う＆コールを買う」という戦略に絞って紹介していきます。

国際相続
海外投資・海外移住・国際結婚に関わる人へ

長谷川裕雅【著】

定価 本体2,800円+税　ISBN:9784775991480

国際相続は、実は身近な問題である

本書は、現在、思いもよらず国際相続に該当してしまった方のための、そして、これから国際相続に該当してしまうかもしれない方のための、道しるべになるガイドブックです。相続自体は、現実的には、専門家と進めることになりますから、細かい手続きまでフォローしてはいません。したがって、この本を読んだからといってすべての問題が解決することはありませんが、少なくとも、「どの場面において何が問題になるのか」「今、自分が何を準備しておけばよいのか」については、自分の頭で考えられるようになりますし、そうなることを目指しています。本書の内容を頭に入れておくことによって、「何が問題になるか」の見当をつけることができれば、最初の一歩は自信を持って歩み出せるはずです。

投資(トレード)のやり方はひとつではない。
"百人百色"のやり方がある!

凄腕の投資家たちが赤裸々に語ってくれた、投資のやり方や考え方とはいかに……。

続々刊行

本書では、100人の投資家(トレーダー)が教えてくれた、トレードアイデアを紹介しています。
みなさんの投資(トレード)にお役立てください!!

百人百色の投資法
投資家100人が教えてくれたトレードアイデア集　JACK 著　シリーズ全5巻